Abnormal Psychology

자기애성 성격장애

한수정 지음

_ 지나친 자기사랑의 함정

'이상심리학 시리즈'를 내며

21세기를 살아가는 우리는 급격한 변화와 치열한 경쟁으로 이루어진 현대사회에 적응해야 하는 커다란 심리적 부담을 안고 있다. 이러한 현실 속에서 현대인은 여러 가지 심리적 문제와 장애에 직면하게 될 가능성이 높다.

정신건강에 대한 사회적 관심이 증대되면서, 이상심리나 정신장애에 대해서 좀 더 정확하고 체계적인 지식을 접하고자 하는 사람들이 늘어나고 있다. 그러나 막상 전문서적을 접하게 되면, 난해한 용어와 복잡한 체계로 인해 쉽게 이해하기 어려운 것이 현실이다.

이번에 기획한 '이상심리학 시리즈'는 그동안 소수의 전문가에 의해 독점되다시피 한 이상심리학에 대한 지식을 일반 독자들에게 소개하기 위한 것이다. 이를 위해서 다양한 정신장애에 대한 최신의 연구 내용을 가능한 한 쉽게 풀어서 소개하려고 노력하였다.

'이상심리학 시리즈'는 서울대학교 심리학과 임상 · 상담심리학 교실의 구성원이 주축이 되어 지난 2년간 기울인 노력의 결실이다. 그동안 까다로운 편집 지침에 따라 집필에 전념해준 집필자 모두에게 감사드린다. 아울러 어려운 출판 여건에도 불구하고 출간을 지원해주신 학지사 김진환 사장님과 한 권 한 권마다 좋은 책이 될 수 있도록 성심성의껏 편집을 해주신 편집부 여러분에게 고마움을 표한다.

인간의 마음은 오묘하여 때로는 "아는 게 병"이 될 수 있다. 그러나 이러한 우려보다는 "아는 게 힘"이 되어 보다 성숙하고 자유로운 삶을 이루어나갈 수 있는 독자 여러분의 지혜로움을 믿으면서, '이상심리학 시리즈'를 세상에 내놓는다.

2000년 4월

서울대학교 심리학과 교수

원호택, 권석만

2판 머리말

1판 『자기애적 성격장애』를 처음 출간한 지 어느덧 15년여의 세월이 지났다. 돌이켜보면, 당시 유행하던 소위 '왕자병' '공주병'은 요즘의 '허세' '셀카' '갑질' 등에 나타난 이기적·자기도취적·자기과시적 행태에 비하면 애교처럼 느껴진다. 점점 더 치열해지는 경쟁, 겸손과 배려보다는 스펙의 과시와 자기표현을 통해 살아남아야 하는 사회적 상황 그리고 사회관계망 서비스가 제공한 무한 자기과시와 노출의 기회 등으로, 우리 사회도 점점 자기애를 조장하고 격려하는 문화가 되어가는 것 같다.

자기 자신을 '가치 있고 소중한 존재'로 사랑하고 본인의 욕망과 이익을 추구하는 것은 인간의 자연스러운 모습이다. 그러나 건강한 자기애에는 본인의 결점과 한계에 대한 겸허한 인정도 수반된다. 또한 내가 소중한 만큼 타인도 소중한 존재라는 인정, 내 욕구와 감정이 중한 만큼 타인의 그것도 중하다는 공감적 이해도 중요한 요건이다. 이러한 요건들이 뒷받침되지 못한 과도한 자기애를 우리는 병리적 자기애라 부르며, 병리적 자기애로 인해 일이나 인간관계에 부적응이 초래될 때 '자기애성 성격장애'라 진단할 수 있다.

이 책은 이러한 자기애성 성격장애의 심리적 특성, 원인 및 치유방법에 대해서 소개하고 있다. 초판 이후의 경험적 연구들과 사회문화적 변화에 따른 자기애에 대한 관점의 변화 등을 포함하여 내용을 보완하였다. 자기애성 성격장애에 대한 이해를 통해서 현대사회를 살아가는 우리 자신과 주변 사람들을 좀 더 깊이 이해하는 기회가 되기를 바란다.

2016년

한수정

차례

자기애성 성격장애란 무엇인가

1. 자기애성 성격장애의 특성
2. 자기애와 자기애성 성격장애의 특성
3. 자기애성 성격장애의 진단
4. 자기애성 성격장애와 정상적 자기애의 구분
5. 자기애성 성격의 유형
6. 자기애성 성격장애의 임상적 특성

1. 자기애성 성격장애의 특성

1) 자기애와 자기애성 성격장애

자기애는 말 그대로 자기 자신에 대한 사랑이다. 잘 알려져 있다시피 자기애narcissism라는 용어는 연못에 비친 자신의 모습에 반해 물에 빠져 죽은 그리스 로마 신화의 나르키소스Narcissus에서 유래하였다. 이러한 자기애적 특성은 요즘 우리 주위에서 쉽게 찾아볼 수 있다. 너나 할 것 없이 페이스북이나 인스타그램 등 사회연결망서비스 사이트에 예쁘게 차려입고 분위기 있는 포즈를 취한 자신의 모습을 찍어 올린다. 승진, 결혼, 여행, 맛집 순례기 등을 자랑스럽게 올리고, 친구들은 거기에 '멋지다, 예쁘다, 좋았겠다' 등의 찬사를 답글로 올리는 풍경은 거의 일상이 되었다. 얼마 전 종영한 〈별에서 온 그대〉라는 드라마에서, 스스럼없이 "내가 얼마나 예쁜데!" "내가 얼마나 잘났는데!" 라고 표현하는 주인공들은 너무도 매력적이었으며, 여기에는 자기애와 자기과시가 사회적으로 자연스럽게 받아들여질 뿐 아니라 오히려 바람직하게 여겨지는 세태가 잘 나타나 있다고 하겠다.

이처럼 우리는 자기애의 시대를 살고 있다. 사회학자인 라쉬Lasch가 현대사회를 '자기애의 사회' 라고 규정했듯이(Lasch, 1977), 현대사회는 구조적으로 자기애를 조장하고 심지어 고무하고 있다. 사회가 점차 개인주의화되면서, 서구사회는 물론이고 전통적으로 '우리' 와 '집단' 을 강조했던 한국사회에서도 '나' 또는 '개인' 이 더욱 중요한 주체가 되어가고 있다. 또한 자유시장경제의 자본주의 논리가 팽배하면서 개인 단위의 경쟁적 삶이 심화되고 있다. 이러한 경쟁사회에서 살아남기 위해서 개인은 자신을 개발하여 발전시킬 뿐만 아니라 적극적으로 홍보하고 선전하는 것이 중요한 과제가 되었다. 겸손, 양보, 화합과 같은 집단주의적 가치는 점차 퇴색하고 적극적인 자기주장과 자기홍보와 같은 개인주의적 가치가 중요시되는 사회로 변화되어 가고 있다. 이러한 사회적 풍토에서 자기애적 행동양식은 어떤 점에서는 적응적이고 필요한 속성이다. 그렇다면 긍정적인 자기애와 자기애성 성격장애의 차이점은 무엇인가? 3절에서 자세히 다루겠지만, 자기애성 성격장애를 판단할 가장 큰 기준은 자기애적 성격특성이 일이나 대인관계에 지장과 기능장애를 가져오느냐 하는 것이다.

현대사회의 변화로 자기애적 행태가 증가하고 더욱 관심을 받고 있지만, 자기애에 대한 학문적 관심과 연구는 거의 심리학의 태동과 함께 시작되었다고 해도 과언이 아닐 만큼 오래되었다. 수많은 임상적 관찰에 근거한 이론과 저작이 발표되었고 경험적인 연구들도 이루어져 왔다. 그 분야는 임상 및 상담 심리학, 성격 및 사회 심리학 그리고 정신의학에까지 광범위하게 이른다. 분야가 다양한 만큼 자기애에 대한 이해가 심화되기도 했지만, 자기애라는 개념의 정의와 특성에 대한 여러 이견을 낳기도 하였다. 한 마디로 임상적으로 복잡한 현상인 자기애를 정의하기는 어렵지만, 다음과 같이 요약해볼 수 있다. 자기애란 다양한 자기조절행위, 감정조절행위 그리고 상황을 조절하는 행동을 통해 긍정적인 자기상을 유지하려는 노력 및 능력으로, 주변에서 자기증진적 경험을 추구하려는 동기 및 타당화와 긍정에 대한 개인의 욕구에 기저하고 있다 (Pincus & Lukowitsky, 2009). 그리고 이러한 자기애적 양상이 부적응적 결과를 초래할 때 자기애성 성격장애라 할 수 있다. 먼저, 몇 가지 사례를 통해 자기애의 특성에 대해 자세히 살펴보도록 한다.

나르키소스 신화 이야기

"나르키소스라는 아름다운 소년이 있었다. 길을 가던 그는 우연히 한 연못을 지나게 되었다. 무심코 물 속을 들여다본 나르키소스는 숨이 막힐 만큼 놀라고 말았다. 형언할 수 없을 정도로 아름다운 소년이 연못 안에서 자신을 바라보고 있었던 것이다. '세상에 이렇게 아름다울 수가…' 나르키소스는 도저히 물 속에 비친 소년의 곁을 떠날 수 없었다. 그러나 물 속의 소년은 그에게 아무런 응답도 해주지 않았다. 그는 너무나 괴로워 미칠 것만 같았다. 물 속의 그 아름다운 소년을 사랑하게 된 것이다. 결국 그는 사랑의 고통을 이기지 못하고 연못에 몸을 던져 목숨을 끊고 말았다. 그리고 나르키소스가 죽은 자리에는 한 송이 꽃이 피어났다. 사람들은 그의 이름을 따 그 꽃을 나르키소스Narcissus라 하였다."

자기애自己愛는 영어인 나르시시즘narcissism을 번역한 말이다. 나르시시즘은 그리스 신화에 나오는 나르키소스의 이야기에서 유래한다. 자신을 너무나 사랑한 나머지 죽음에까지 이르게 된 나르키소스, 여기서 우리는 자기도취의 극단적인 모습을 볼 수 있다.

나르키소스 신화가 심리학적 문헌에 처음 인용된 것은 1898년 심리학자 해블록 엘리스Havelock Ellis에 의해서였다. 그 후 낵크Nacke라는 심리학자가 사람이 환경에 대해 보이는 반응 스타일을 기술하면서 '나르키소스적narcis-sistic'이라는 용어를 사용하였다. 이것이 심리학자로서는 처음으로 나르키소스 신화를 이용하여 임상적인 설명을 한 예다. 그 후 프로이트에 의해 정신분석이 시작된 초기부터 나르시시즘, 즉 자기애는 정신분석에서 중요한 개념으로 많은 논의와 연구가 이루어져 왔다. 프로이트뿐만 아니라 코헛, 컨버그, 밀러 등 수많은 유능한 정신분석학자들이 자기애라는 개념으로 인간과 그 성격발달을 이해하고 설명해 왔다. 현재 자기애는 이상심리학에서 성격특성을 기술하는 중요한 개념으로 수용되고 있으며, 자기애성 성격장애는 성격장애의 주요한 한 유형으로 분류되고 있다.

2) 사례로 보는 자기애성 성격장애

독자들은 자기애성 성격장애라 하면 떠오르는 주변 인물이 있는가? 본인 말만 맞는다고 우기고 본인과 다른 의견이라도 내면 불같이 화를 내는 직장상사, 본인이 세상에서 제일 예쁜 줄 아는 '거울공주' 여동생, 입만 열면 남편 자랑 자식 자랑을 하는 통에 모두 슬슬 피하는 걸 본인만 모르는 동네 아주머니 등 이들이 모두 성격장애자라고 할 수는 없지만 이들이 보이는 행동양식은 자기애적 성격의 성향을 반영한다. 자기애성 성격장애의 특성을 설명하기에 앞서, 사례를 통해 전형적인 성격장애자의 모습을 살펴보기로 한다.

40대 중반인 A씨는 요즘 너무 분해서 잠이 오지 않는다. 회사에서 후배가 감히 자신이 낸 의견에 반대했기 때문이다. 심지어 상사는 후배 의견이 더 좋다며 채택하기까지 했다. 도저히 있을 수 없는 일이다. 첫째, 나보다 다른 사람의 의견이 좋을 리가 없다. 둘째, 후배 놈에게 잘해줬더니 나를 감히 거역한다. 셋째, 상사가 나를 물 먹이다니, 상사가 나에게 위협감이나 질투를 느끼지 않고서는 있을 수 없는 일이다.

A씨는 그 후배가 회사에 들어왔을 때부터 잘해주려고 마음먹었다. 자신의 '멘토링'이 있어야만 그 후배가 잘 적응하고 성공할 수 있다고 믿었기 때문이다. 후배가 요청한 적도 없는데 "이럴 땐 말이야" 하면서 훈수를 늘어놓고, "나만 잘 따라오면 성공할 수 있어"라고 대놓고 말하거나 후배가 좀 삐딱해 보이면 "네가 나 없이 위로 올라갈 수 있을 것 같아?"라고 농담 섞인 위협을 하기도 했다. A씨는 실제로 본인의 대단함에 대해 의심의 여지가 없었다. 그도 그럴 것이, A씨는 자라면서 똑똑한 우리 A, 대단한 우리 A라는 칭찬을 수도 없이 들었다. 공부만 잘하면 인정해주는 우리 사회의 문화 탓에 부모는 물론 학교에서도 그 누구도 A에게 함부로 하지 못했다. 본인보다 공부를 잘하고 인기가 좋은 친구들도 있었지만, "저놈들은 집이 부자라 부모가 과외로 쳐 발라주니 그렇지"라고 애써 평가절하하였다. 그렇다고 이들에 대한 적개심이 사그라드는 것은 아니어서, 다음 시험에서는

꼭 이기기 위해 기를 쓰고 공부를 하곤 하였다. 당연히 A는 소위 명문대에 입학할 수 있었고, 전문직에 해당하는 자격증도 쉽게 취득했으며, 남들이 부러워하는 대기업에 높은 연봉을 받고 입사하였다.

입사 초기에는 업무처리가 유능하고 선배와 상사들에게 깍듯해 인정을 받으며 승승장구하였다. 그러나 점차 인간관계가 삐걱거리기 시작했다. 동기들에게도 '가르치려' 들고 군림하려는 태도는 당연히 환영받지 못했다. 입사 동기가 상사와 웃으며 얘기를 나누고 있으면 '저 놈은 또 무슨 아부를 나 모르게 하고 있나'라는 생각이 들면서 화가 나고, 상사가 자신보다 저 동기를 높이 평가하는 것은 아닌가 조바심이 났다. 그래서 점심을 먹으며 은근히 "인간관계 잘~ 해서 승진 빨리 하겠어"라며 비꼬는 말을 던지고, 무슨 말이냐고 묻는 동기에게 "아니 내가 뭘? 인간관계 잘 하더라고~" 하며 수동 공격적으로 대했다. 상사가 자신이 가져온 보고서를 칭찬하면 하늘을 나는 것 같았고, 조금이라도 미심쩍은 표정을 보이면 불안해하거나, 다음 순간엔 '네가 뭘 안다고'라고 얘기하고 싶은 마음에 화가 솟구쳤다. 상사의 당연한 지적과 지시에도 욱하고, 동기들에게도 까칠하고 휘두르려는 태도를 보이니 당연히 직장 내 대인관계가 불편해질 수밖에 없었다. A씨는 점차 직장에서 소외되기 시작했고, 그는 이를 동기와 상사들이 자신의 유능함을 시기질투한 탓에 벌어진 일이라고 치부하였다. 그래서 신입사원들이 들어올 때마다 자신의 '멘토링'을 통해 자기 밑에 두고 자기편으로 만들려고 시도하였으나, 번번이 이번과 같은 결과가 초래되고 말았다.

B씨는 큰 부잣집 딸로 남부러울 것 없이 자랐다. 그녀의 아버지는 직장에서는 엄하고 권위적인 임원이었고, 어머니에게는 무뚝뚝하고 정 없이 대하면서도, 딸의 말이라면 무엇이든 들어주는 소위 '딸바보'였다. 어머니는 성격이 불 같아 집에서 일하는 가정부와 운전기사에게 함부로 대하고 막말을 하였으며 그것을 보고 자란 B씨도 어려서부터 자연히 주변 사람들을 하대하고 막무가내로 굴기 일쑤였다. 그러나 누구 하나 버릇없다거나 예의를 갖추라고 가르치기는커녕, 오히려 그런 행동에 더욱 '공주님' 모시듯 깍듯해졌다. 어머니는 욱하는 성질을 B씨에게도 부려대고 화를 냈지만, 이는 자신의 성질을 못 이겨 그런 것일 뿐 B씨의 행동거지를 바로잡기 위한 일관된 훈육의 차원인 적은 없었다. 그럴 때마다 B씨는 쌓이는 두려움과 분노를 자신에게 꼼짝도 못하는 다른 사람에게 화풀이를 했지만, 제멋대로 행동을 해도 아무런 제재나 나쁜 결과를 경험하지 못한 B씨는 욱하는 성질을 아무데서나 휘두르는 '어린 폭군'으로 자라났다.

대학에 입학해서도 마찬가지였다. 자신과 '수준이 맞는' 소수와만 어울리며 고급스러운 취미를 즐기면서도, 수업을 열심히 듣고 공부하는 친구들에게는 당연하다는 듯이 노트를 복사해오라고 '명령'하였으며, 노트를 빌려주는 친구와 눈도 마주치지 않고 "수고했어"라고 차갑게 한 마디 던질 뿐이었다. 이런 거만한 태도에서 그녀가 얼마나 타인을 인격체가 아닌 자기를 위해 존재하는 도구로 인식하는지 여실히 드러났다. 신입생 시절, 의무로 참여해야 하는 과 행사에서 과 선배들이 과내 학회 모임과 동아리들을 소개할 때에도, 내가 왜 이런 "꾀죄죄한 자리에서 저런 잡소리들을 듣고 앉아있어야 하나" 하며 고개를 모로 꼬고 앉아 있었는데, 한 선배가 자신의 태도를 지적하자 선배를 불쾌하다는 듯 한번 쏘아보고는 그대로 자리를 박차고 나갔다. 그녀가 나가면서 중얼거린 말은 그녀가 입에 달고 사는 '어디서 감히'였다.

문제는 아버지의 사업이 기울어 가정형편이 어려워지면서 시작되었다. 더이상 소위 '품위'를 유지하는 생활을 할 수 없어지고, 고가의 취미를 즐기던 친구들과 어울리지 못하면서 그녀의 울분은 걷잡을 수 없어졌다. 또한 주변에서 굽실거리며 공주 취급해주던 이들이 없어지자 심리적 공황상태에 빠졌다. 수치심에 사람들도 만나기 싫어 집에만 틀

어박혀 있었지만, 전보다도 더욱 울화가 심해진 어머니의 심리적 횡포와 무기력해진 아버지로 인해 그녀의 우울감은 더욱 깊어갔다.

C씨는 성공한 전문직 여성이자 아이에게도 지극정성을 쏟는 대단한 엄마, 소위 '슈퍼우먼'이다. 직장에서는 유능한 그녀에게 일이 쏟아졌으며, 동기들에 비해 훨씬 많은 인정을 받고 승진도 빨랐다. "이런 훌륭한 분들과 일하면서 배우게 되어 너무 좋다"며 무슨 일이든 남들보다 두세 배 열심히 하는 그녀를 상사들이 보기에는 듬직할 수밖에 없었다. 상사를 험담하거나 힘들다고 푸념하는 동료들에게 "나는 일을 배워서 너무 좋은데"라거나 "다음엔 이렇게 해봐"라며 훈수를 두는 그녀가 동료들에게는 눈엣가시였다. 공동 프로젝트의 리더로 팀원들이 해온 일을 수렴하면서 웃음 띤 얼굴로 "XX 씨가 해온 부분에서 건질 것이라고는 이 부분뿐이네요"라고 지적하며, "내가 해온 이 부분을 보고 한번 고쳐보도록 하지요"라고 미팅을 마무리할 때, 그녀의 오만한 태도에 대한 동료들의 거부감은 거의 극에 달했다. 결국 그녀는 동료들에게 왕따 아닌 왕따를 당했지만 그녀는 별로 개의치 않았다. 그 내면에는 "나는 너희와 달라"라는 선민의식이 깔려 있기 때문이었다.

한편, 새로 들어온 한 팀원이 계속 실수를 해서 팀 프로젝트 결과가 지연되고 상사에게 지적을 듣자, C씨는 미치도록 화가 났다. "아니 나는 애를 둘이나 키우면서도 밤을 새가면서 일을 완벽하게 해오는데, 너는 미혼에 한몸만 챙기면 되는 주제에 일을 이따위로 해와? 그래서 나처럼 늘 완벽하게 일을 하는 사람이 상사에게 싫은 소리를 듣게 해?" 결국 C씨는 전체 프레젠테이션 날 상사 앞에서 그 팀원의 실수를 조목조목 지적해버렸다. 속이 시원했다. 이렇게 건설적인 피드백을 주고, 싫은 것은 싫다고 말할 수 있으며, 잘못된 것이 무엇인지 파악도 아주 잘하고, 장기적 비전까지 갖춘 자신이 간부자리에 올라 리더가 되면 참 잘할 것 같다는 생각이 들었다. 그래서 내심 회사 내 여성 최초로 어떤 자리에 지원해볼 계획을 세우고 차근차근 진행 중이었다. 자신이 간부가 되어 완벽한 리더십을 발휘하고 이 회사에 혁혁한 공을 세울 생각을 하니 벌써부터 가슴이 벅차올랐다. SNS에는 자신이 오늘 한 일들, 내일 해야 할 일들을 나열하며 짐짓 한숨을 쉬었다. "이것도 해야 하고 저것도 해야 하고… 아, 일이 너무너무 많구나…. 오늘도 하얗게 밤을 새워야 할듯~" 이라는 포스팅에 친구들은 "정말 대단하다" 며 답글을 남겼다. 겉으로 보면 과중한 업무에 대한 속풀이지만 속마음은 "나는 이만큼 대단한 일을 해낸다" 는 자기과시였다.

그녀는 두 딸도 지극정성으로 키웠다. 임신 전부터 온갖 육아서적을 섭렵하였고, 책에서 본 대로 오로지 '정석대로'만 키웠다. 그녀의 친정 부모는 어려서부터 집안의 자랑거리로 어깨를 으쓱하게 해주던 대단한 딸에게 늘 최고로만 그리고 그녀의 뜻대로만 해주었다. 그리고 직장에서 승승장구하는 딸을 위해, 자녀들을 키워주는 것은 당연히 부모의 몫이라고 생각하며 손주들의 육아를 떠안았다. 친정 부모는 이미 어린 자녀를 키운 경험으로 굳이 딸이 하라는 대로 하지 않아도 된다는 것을 알았지만, 원하는 대로 들어주지 않으면 딸이 화를 낼테니 딸이 원하는 대로 음식 조리도 청소도 각종 놀이도, 모두 딸이 계획하고 처방한 대로 실행하였다. 이제는 어린아이 둘을 돌보기가 힘에 부치지만, 딸이 지시한 대로 TV도 DVD도 틀지 않고 아이들을 돌보려 애썼다. C씨는 자신의 철저한 계획으로 아이들이 어려서부터 좋은 식습관을 들이고 건강하게 자랐다고 자부한다. 옷도 유기농 면으로 된 좋은 브랜드로만 사다 입혔다. 여자애라고 다른 엄마들처럼 리본이다 뭐다 요란스럽게 치장하지도 않았다. 여성에 대한 편견을 심어주지 않기 위해 일부러 과하게 여성스러운 것은 피하고, 남자아이들이 주로 갖고 놀 법한 장난감도 많이 사주었다. 이런 부분까지 신경 쓰는 자신은 정말 대단한 엄마인 것 같아 뿌듯함에 가슴이 터질 듯했다. 좋은 엄마이므로 바쁜 와중에 주말에 짬을 내어 동네 공원에 나가 시간을 보낼 때면, 중구난방 정신없어 보이는 동네 아이들에 비해 집중력이 남다르고 점잖아 군계일학으로 보이는 자기 딸들이 너무나 뿌듯하였다. 그 뿌듯함 이면에는 "역시 난 남다른 엄마야"라는 자부심이 있었다. 동네 엄마들 중에서도 자기 아이들에게 "어쩜 애는 이래요? 정말 잘 키우셨네요" 하는 엄마들은 좋은 사람들로 간주하였다. 내 아이들의 특별함을 몰라주는 사람들은 왠지 못마땅하고 부아가 났다. 심지어 내 아이의 무언가를 지적이라도 하면, "지 자식도 제대로 못 키우는 주제에 어디다 대고 완벽하게 키운 내 자식에게 지적질이야" 하는 생각과 함께 분노가 치밀었다. 대놓고 교양 없이 대거리를 해줄 수는 없지만, 저런 '못 배운 여편네들'과는 어울릴 수 없어 인연을 끊어버리고 놀이터에서 만나도 투명인간 취급해주기로 했다. 내 딸들이 놀고 싶어 하는데 이에 잘 응해주지 않는 엄마들도 싫었다. "내 딸이 원하는데 어디서 감히…"라며 타인을 자신과 자신의 딸을 위한 도구적 존재로 인식하는 무의식적 태도를 반영하였다. 내 딸들은 완벽한 엄마인 내 덕분에 이리 잘 자라났으므로, 나의 대단함을 표상하는 존재인 것이다. ◆

2. 자기애와 자기애성 성격장애의 특성

앞의 사례에서 공통적으로 보인 자기애성 성격장애의 핵심 특성은 무엇인가? 정도의 차이는 있지만, 세 사람 모두 이유와 상관없이 스스로가 대단한 존재라는 생각에 빠져 있다. 타인은 나를 대단하다고 칭찬하고 모시는 존재, 나의 필요를 채워주는 도구적 존재로 인식한다. 나보다 잘나 보이는 사람은 적개심과 질투의 대상, 나를 걸고넘어지는 사람들은 "네까짓 게 뭔데"라는 경멸과 분노의 대상이다. A와 B의 경우, 환경의 변화나 좌절 그리고 본인 스스로 초래한 대인관계의 문제로 인해 심한 분노와 우울감을 경험하였다. 요약하면, 스스로에 대한 과대평가, 타인에 대한 공감부족 및 착취적 태도 그리고 위협이나 좌절에 대한 강렬한 분노반응이 자기애성 성격장애의 핵심 특성이라 할 수 있다. 이처럼 자기애는 단순한 자기사랑이 아니라, 타인을 자신을 위한 도구로 여기고 좌절이 올 때

심한 분노반응을 보이는 과도한 자기몰입을 의미한다. C의 경우는 A와 B보다 상대적으로 정도가 덜하고, 직장과 대인관계에서도 비교적 잘 기능하는 편이지만, 분명 자기애적 성격특성을 보이고 있다. 이번 장에서는 자기애성 성격장애의 특성을 좀 더 자세하게 살펴보겠다.

1) 인지적 특성

(1) 자기에 대한 과대평가

주지하다시피 자기애의 핵심 특성 가운데 하나는 과대한 자기평가다. 이는 A와 C처럼 자신의 능력이나 어떤 특성에 대한 자부심이기도 하고"나는 대단해", B처럼 자신의 '중요성'에 대한 과대평가이기도 하다"나는 아주 중요한 사람이야". 실제로 많은 성취를 이루었거나 능력이 남다른 경우도 있지만, 객관적 현실에 비해서 지나치게 과한 평가를 하는 경우가 많다. 이런 과대평가를 스스로 인지하는 경우도 있고, 부지불식간에 부인하고 억압하는 경우도 있다.

실제로 자기애적 성향을 가진 이들의 자기에 대한 과대평가는 여러 연구에서 뒷받침된다. 예를 들어, 자기애적 성격을 가진 사람들이 외모, 날씬한 정도, 성적인 매력, 지적 능력에 있어 다른 사람보다 그리고 객관적인 현실보다 자신을 더 긍정적으로 평가한다고 한다. 하지만 제3자들은 이들을 남들보다 더 낫다고 보지 않는다는 점이 자기애자의 스스로에 대한 과대평가를 뒷받침한다(Rhodewalt & Morf, 1995). 또 다른 연구에 따르면, 자기애적 성격성향을 가진 대학생은 그렇지 않은 학생에 비해 학기말에 기대하는 학점이 더 높지만, 실제로 성적을 더 잘 받는 것은 아니었다(Farwell & Wohlwend-Lloyd, 1998). 또 비디오로 자신의 모습을 찍어서 보여주었을 때, 대부분은 자신이 나오는 비디오를 보면서 어색해하거나 쑥스러워하는 반면, 자기애적 성격성향이 있는 사람은 자기가 무척 멋있게 잘 나왔다고 평가하였다고 한다(Bower, 1997).

(2) 외견상 높지만 취약한 자존감

이처럼 자기애성 성격장애자는 자존감이 높은 듯 보이지만 실제 내면에는 여러 가지 이유로 부정적인 자기상과 열등감이 내재되어 있는 경우가 많다. 어떤 연구자들은 무의식에 자리한 열등감을 보상하기 위해 방어적으로 지나치게 높은 자존감을 견지하려 한 결과가 자기애성 성격장애라고 보기도 한다(Kernberg, 1975; Raskin, Novacek, & Hogan, 1991). 건강한 자존감은 외현적으로든 무의식적으로든 과하지 않으면서 대체로 긍정적인 자기상에 기반을 두기 때문에, 실패나 실망에 쉽게 흔들리지 않는다. 자존감이 건강하게 높은 사람은 타인의 언행이나 실패 가능성에 큰 위협감을 느끼지 않으므로 예민하게 반응하지도 않는다. 그러나 자기애성 성격장애자는 내면의 부정적 자기상이 드러날지 모른다는 무의식적 두려움으로 이를 막기 위해 늘 신경을 곤두세우고 있으므로, 별다른 뜻 없이 한 말도 자신에 대한 공격으로 받아들이는 등 과민반응을 보이는 경우가 많다. 이러한 과민반응은 역으로, 자기애성 성격장애자가 외견상 자부심이 강하고 자존감이 높아 보이지만 사실은 위협에 취약한 건강하지 못한 자존감을 지니고 있음을 시사한다(예: Jordan, Spencer, Zanna, Hoshino-Browne, & Correll, 2003).

평상시 별일이 없을 때는 이렇듯 과대평가와 높은 자존감을 견지할 수 있지만, 환경으로부터의 도전이나 실패 경험으로 '자기애적 방어'가 흔들리게 되면 내면의 열등감과 부정적 자기상을 직면하게 되는 경우가 종종 있다. 그토록 외면하고자 했던 열등감으로 인해 수치심, 분노감, 우울감 등을 경험하게 된다. 이들의 정서적 특성에 대해서는 다음에서 좀 더 자세히 기술하겠다.

자기애적 성격에 대한 심리학적 연구

모르프Morf와 로드왈트Rhodewalt라는 미국의 심리학자는 1993년에 자기애적 성격성향이 있는 대학생들을 대상으로 흥미로운 연구를 수행하였다. 미국의 대학에서는 심리학과 관련 강의를 수강하면 심리학 실험에 한두 번 정도 의무적으로 참여해야 한다.

모르프와 로드왈트는 피험자들에게 '얼마나 발표를 잘하는가'를 알아보려는 실험이라고 말해준 뒤, 또 다른 피험자와 파트너가 되어 발표문을 읽어보도록 시켰다. 파트너와 경쟁을 하도록 만든 것이지만 사실 그 경쟁자는 피험자가 아닌 공모자였다. 발표가 모두 끝난 뒤 그들은 한참 채점하는 시늉을 하고 나서, 누가 더 얼마나 잘했는지에 상관없이 파트너보다 더 못했다고 피험자에게 말해주었다. 그러고 나서 이 채점체계가 얼마나 신뢰롭다고 생각하는지, 채점자가 얼마나 유능하다고 생각하는지, 채점을 한 사람에게 어느 정도 호감이 가는지, 파트너였던 사람의 첫인상이나 성격이 어떤 것 같은지, 그리고 지금 기분은 어떤지 등을 묻는 질문지를 마지막으로 작성하도록 하였다.

질문지에 응답한 것을 분석한 결과, 자기애적인 성격이 있는 대학생이 그렇지 않은 대학생에 비해서 채점체계가 덜 신뢰롭다고 평가한 것은 아니었지만, 채점을 한 사람에 대한 호감도가 훨씬 덜하였고, 자신의 경쟁자였던 파트너의 첫인상과 성격을 더 나쁘게 평가한 것으로 나타났다. 그런데 예상과는 달리 기분에 대한 대답에서 더 화가 난다거나 하지는 않았다. 이러한 결과는 이들이 자존심 때문에 화가 났다는 것을 인정하려 하지 않으므로, 질문지에 스스로 체크하는 방식으로는 이를 알 수 없었기 때문으로 풀이된다.

이러한 결과를 보면, 자기애적인 사람들은 그렇지 않은 사람들에 비해서 과제 수행을 더 못했다는 사실을 자기(self) 혹은 자존심에 대한 위협으로 받아들이고, 이를 무마하고자 하는 방략의 일환으로 "네가 더 못했다"라고 말해준 사람을 나쁘게 평가하거나, 자신을 이긴 파트너를 나쁘게 평가했음을 알 수 있다.

심리학 연구에서는 연구 목적상 이 연구에서 무엇을 알아보려고 하는 것인지를 정확하게 알려주지 않는 경우가 있다. 그렇다 하더라도 실험이 다 끝나고 나면 연구목적과, 아까 본래 목적과 다르게 말했던 이유에 대해서 모두 설명하고, 피험자가 궁금해하는 점을 모두 설명해주는 절차를 반드시 밟게 되어 있다.

(3) 성공과 실패에 대한 귀인양식

귀인이란 어떤 결과에 대한 원인을 찾는 심리과정을 말한다. 문화에 따라 차이가 있긴 하지만 대체로 사람은 긍정적인 방향으로 귀인을 한다. 즉, 좋은 결과에 대해서는 자신이 잘했기 때문에, 나쁜 결과에 대해서는 상황이 안 좋았기 때문이라고 생각하면 본인의 자존감이 다치지 않는다. 이러한 귀인양식은 비교적 보편적이지만, 자기애성 성격장애자는 그 정도가 지나치다. 예를 들어, 타인과 함께 이루어낸 성취에 대해 공을 나누기보다 전적으로 자신의 능력과 공헌 때문이라고 생각하는 경향이 강하다. 반대로 실패나 좌절을 겪을 때는 남 탓이나 상황 탓을 한다(예: Ladd, Welsh, Vitulli, Labbe, & Law, 1997).

그러나 때로 이러한 자기방어적 귀인을 할 수 없을 정도로 자기탓이 분명한 실패를 경험하게 되면 심한 우울감과 수치심을 느끼기도 한다. 또한 자기애성 성격장애자 가운데 심적으로 취약한 유형은(자기애의 하위유형은 5절에서 자세히 다룬다) 작은 좌절이나 실패에 심하게 자신을 탓하고 자괴감을 느끼기도 하는데, 이는 "나는 대단하고 무결점이어야 한다"는 과대평가된 자기상을 반영한다고 볼 수 있다.

(4) 최고가 되는 공상

자기애적인 사람들 가운데 실제로 성공하고 많은 성취를 이룬 사람들도 많다. 따라서 이러한 성공이 그들의 자기애적 행동과 신념을 지속적으로 뒷받침하고 강화시키는 경우도 많다. 예를 들어, 소위 갑질 논쟁이 일고 있는 우리 사회에서 스스로 '갑'이라고 자부하는 사회경제적 특권층 가운데 자기애적 성격을 가진 이들은, 갑질과 같은 안하무인적 행동과 때로 과대망상급의 과도한 자기평가에 반하는 상황을 경험할 일이 별로 없기 때문에 이러한 자기애적 성향이 더욱 강화된다.

그러나 실제 성공 및 성취의 정도와 상관없이, 자기애적 성격인 사람들은 자신이 최고가 되는 상상을 즐기는 경우가 많다. 시험에서 전국 수석을 하여 신문에 이름을 날린다, 일에서 굉장한 성공을 거둔다, 학계에서 알아주는 저명한 석학이 된다, 최고의 미남이나 미녀가 되어 뭇사람의 시선을 한몸에 받는다, 영화처럼 아름답고 로맨틱한 사랑을 한다 등등 그 내용은 때로 비현실적이다. 이들은 그러한 상상을 하는 데에서 정서적인 만족을 경험하며, 심한 경우 이러한 상상이 현실로 이루어질 수도 있을 거라고 믿기도 한다.

(5) 특권의식

자기애적인 사람들은 자신의 중요성을 과대평가하고 자신에게 과몰입되어 있어 타인을 독립되고 존중된 개체로 지각하지 못한다. 또한 자신은 특별하기 때문에 규칙 등에서 예외일 수 있다는 특권의식이 강하다. 어떤 경우에는 특권의식을 자각하기도 하나, 본인은 인식하지 못하는 안하무인적인 행동에 뿌리 깊은 특권의식이 드러나는 경우도 많다.

2) 행동적 특성

(1) 지나친 자기과시

자기애성 성격장애자는 자신의 성취나 재능을 대놓고 혹은 은근히 과시하고 자랑한다. 실제 성취나 재능보다 과장하기도 하고, 그렇게 과장해서 말하다 보면 진짜처럼 믿게 돼서 이미 과대한 자기평가가 더욱 강화되는 경우도 있다. 물론 상황에 따라 본인의 능력을 효과적으로 제시하는 것이 적응적일 때도 많다. 예를 들어, 직장에서 면접을 할 때 무조건 겸양을 보이기보다는 본인의 역량을 '적절하게' 보여주는 것이 당연히 유리하다. 그러나 자기애성 성격장애자는 상황을 고려하지 않고 자기과시가 이어지며, 상황과 타인을 고려한 '적절한' 자기표현의 수위와 방식을 잘 조절하지 못하고 그럴 필요도 잘 느끼지 못한다. 이는 타인의 입장에 서보고 타인의 감정을 이해하기 어려운 공감능력의 부족을 반영하며, 본인의 행동이 어떻게 비칠지에 대해 인지하기 어려운 과도한 자기몰입의 결과이기도 하다. 이런 자기과시적 행동에는 타인은 나의 이야기를 들어주고, 칭찬해주며, 자기애적 욕구를 채워주는 소위 '거울mirroring'과 같은 존재라는 착취적 인식이 깔려 있다. 따라서 상대방이 자신이 기대하는 만큼 반응을 보여주지 않으면 분노를 느낀다. 정도의 차이는 있지만 요즘은 사회관계망 서비스를 통해 자기표현의 기회가 훨씬 많아졌다. 이러한 자기표현이 모두 자기애적인 것인 물론 아니지만, 소위 '허세스러운' 포스팅은 자기애적 성격을 지닌 이들의 지나친 자기과시, 자신의 포스팅을 읽는 타인에게 '거울반응'을 기대하고 요구하는 태도를 반영하는 경우도 많다.

(2) 거만하고 안하무인적인 행동

자기애적 방어가 견고할 때, 즉 실패나 좌절이 이들의 취약한 자존감을 건드리지 않을 때, 자기애성 성격장애자는 과대한 자기상에 걸맞게 거침없이 혹은 거만하고 안하무인격으로 행동한다. 이들은 자기확신에 차 있어 거침없이 행동하며, 때로는 그들의 행동이 거만하게 보일 수 있다. 최근 뉴스에서 심심치 않게 보는 소위 '갑질', 즉 대인관계에 대한 기초적인 사회적 규범과 관습예: 타인을 존중한다뿐 아니라 때로는 법규까지 간단히 무시하고, '나는 이렇게 중요하고 너는 그처럼 하찮으므로' 타인에게 언어적 · 물리적 · 정서적 폭력을 가하고도 이를 당연시하는 행동이 대표적 예라고 하겠다. 심지어 객관적으로 자신이 잘못한 일도 '대단하고 중요한 자기상'과 일관되지 않기 때문에 왜곡해서 믿어버리고 자기확신을 견지하는 경우도 많다.

(3) 특별대우에 대한 요구

전술한 바와 같이 규범과 법규에 대한 무시 기저에는 "나는 특별하다"는 자기애적 웅대성이 자리하고 있다. 따라서 사회 질서를 위한 제재는 특별한 자신에게는 해당되지 않는 것처럼 여기고, 자신이 하고자 하는 행동이 좌절되거나 '특별대우'해 주지 않으면 "내가 왜" "내가 누군데"라는 생각에 분노를 쉽게 느낄 수 있다. 타인의 배려와 양보는 고마운 것이 아니라 '특별한 나'에게 당연한 것으로 간주한다.

혹자는 요즘의 세대를 자기애적 세대라고 규정하기도 한다(Howe & Strauss, 2010). 핵가족 속에서 많은 관심과 보살핌 그리고 가족의 물질적·시간적 자원을 한몸에 받고 자란 세대라 특별대우를 당연시하는 경향이 전 세대에 비해 강한 편이다. 예를 들어, 대학생 가운데 늦잠을 자서 시험에 늦었으니 내일 다시 보겠다, 가족여행을 가야 해서 출석을 못할 것 같은데 강의노트와 숙제 등을 이메일로 보내달라와 같은 황당한 요구를 아무렇지도 않게 하는 경우가 가끔 있다. 이들이 모두 자기애성 성격장애자인 것은 아니지만, 이러한 요구는 자기몰입과 특별대우를 당연시하는 자기애적 성향을 반영한다고 하겠다.

3) 정서적 특성

(1) 태평하고 즐거운 기분

평소에는 스스로에 대한 과대평가와 자신감으로 긍정적인 감정 상태를 유지할 수 있다. 특별대우를 받는 것이 당연하면서도 즐거운 일이므로, 자기애적 방어가 도전되지 않는 한 자기애성 성격장애자의 평소 기분은 대체로 태평스럽고 즐거운 편이다. 또한 설령 비현실적이라 하더라도 최고가 되는 공상에 빠지게 되면 벅찬 설렘 등 고양된 기분도 종종 경험한다.

(2) 강한 분노와 적대감

그러나 실패를 경험하거나 특별대우를 받지 못한다고 느끼면 이들은 쉽게 분노하고 좌절감을 느낀다(Kernis & Sun, 1994). 이러한 좌절을 '자기애적 상처narcissistic injury'라고 한다. 고양된 자기상에 걸맞은 비현실적인 성취와 업적을 기대하고, 이에 부합하지 못하는 결과에 대해서는 쉽게 실패감을 느낀다. 실패감으로 쉽게 우울해지는 경우도 있지만, 자기애적 방어를 통해 남의 탓을 하고 분노와 원망을 느끼기도 있다. 또한 타인이 자신이 바라는 만큼 '거울반응'을 보이지 않으면 공격당했다고 느끼고 격렬한 분노와 적대감, 복수심에 휩싸이기도 한다. 내적 열등감과 부정적 자기상 때문에 '공격 가능성'

자기애성 성격장애의 특성

1. 자기상(self-image)이 과장되어 있다.
2. 자신은 특별대우를 받아야 하는 존재라고 생각한다.
3. 주목받고, 칭송받고 싶어한다.
4. 최고의 권력, 아름다움, 성공, 사랑 등을 상상한다.
5. 실제로 평가받는 정도보다 자신이 더 유능하다고 믿는다.
6. 주목받지 못하면 기분이 상한다.
7. 비판에 대해 분노감과 모욕감을 느낀다.
8. 지지와 인정을 받고자 하는 욕구가 지나치다.
9. 태도와 행동이 오만하다.
10. 자기중심성 때문에 타인의 입장을 고려하지 못한다.
11. 자존심이 위협받을 때는 감정이 폭발한다.
12. 비난이나 거절에 쉽게 낙심한다.
13. 특별한 사람만이 자신을 이해할 수 있다고 믿는다.
14. 쉽게 모욕감을 느껴 분노를 보이고 반격한다.
15. 대인관계가 강렬하면서 불안정하다.
16. 비판이나 거절에 과민하다.
17. 감정기복이 심하다.
18. 생각과 행동이 이기적이다.
19. 외모나 행동이 유혹적이다.
20. 신체적 매력에 과도한 관심을 보인다.

에 과민하므로, 아무런 나쁜 의도가 없는 충고나, 스스로의 형편을 고려한 합리적인 거절 등도 자신을 '공격'하는 것으로 왜곡해서 받아들이고 분노를 경험하곤 한다. 취약하고 과도하게 고양된 자존감을 위협당하는 경우가 빈번할수록, 감정의 기복이 더욱 심해진다. 이러한 분노와 적대감을 표현하는 방식은 개인마다 차이가 있지만, 자기애성 성격장애자는 때로 안하무인격인 태도로 화풀이를 하기도 하고, 복수에 대한 공상에 사로잡히거나, 오랫동안 복수심을 품거나, 화풀이할 만한 상황이 어려우면 '네가 그 정도 수준인데, 내가 굳이 상대를 하겠냐?'라며 자기위안을 하기도 한다. 자기애성 성격장애자의 유형에 따라 다를 수 있지만, 이러한 분노는 어려서부터 축적되어온 자기애적 좌절로 인한 울분의 반영일 수도 있다. 자기애성 성격장애의 원인에서 자세히 다루겠지만, 부모와의 관계 등에서 심하게 자기애적 좌절을 겪으며 쌓인 울분을 극복하는 방편으로 부지불식간에 과도하게 고양된 자기상과 자기애적 방어를 형성했다면, 자기애성 성격장애자의 실패와 공격에 대한 민감성은 어른이 되어서도 타인의 행동이 어려서 자신에게 심한 좌절을 주었던 부모의 행동을 표상하는 것처럼 연상이 되기 때문일 수 있다.

(3) 우울감과 수치심

자기애성 성격장애의 유형에 따라 다를 수 있지만, 자기애로 인해 고양된 자존감은 내적인 열등감을 방어하기 위한 경우가 많다. 때문에 이들은 심한 우울감과 수치심을 마음 깊이 가지고 살아간다. 평상시 자기애적 방어가 성공적일 때는 이러한 힘든 감정을 잊고 살아가지만, 실패와 좌절을 겪으면 우울과 수치심을 경험하기 쉬운 취약성을 가지고 있다. 자신의 웅대한 자기상에 걸맞은 목표에 부합하지 못한다고 느낄 때, 이를 도저히 남 탓으로 돌리기 어려울 때, 열패감을 경험하게 된다. 특히 취약성 유형의 자기애적 성격의 경우 작은 일에도 실패자라고 느끼고 수치심에 기반을 둔 우울증을 자주 겪게 될 가능성이 높다.

(4) 시기와 질투

자기애성 성격장애자는 타인에게 시기와 질투의 감정을 자주 강하게 느낀다. 다른 사람이 가진 좋은 것이나 성공이 그 사람이 아닌 바로 자신에게 더 잘 어울리고, 자신이 가져야 마땅하다는 웅대한 자기상과 자기몰입 때문이다. 따라서 과도하게 경쟁심을 느끼고 이기려 하거나, 자신이 남보다 못했을 때 심한 분노를 느낄 수 있다. 실제로 이러한 경쟁심이 원동력이 되어 높은 성취를 이루려 하고 실제로 높은 성취를 이루기도 하지만 (Forster & Trimm, 2008), 현실이 뒷받침되지 않을 경우 최고가 되는 공상에 빠져 일시적인 만족감을 느끼려 하기도 한다.

또한 '자기 마음에 비추어 남의 마음을 헤아린다'는 말처럼,

이들은 다른 사람이 자신을 시기하고 질투한다는 생각을 자주 한다. 특히 주변 사람들이 자신에 대해 부정적인 반응을 보이거나 싫어하면, 자신의 행동에 문제가 있기 때문이 아니라예: 지나친 자기자랑, 공감 부족 자신의 능력이나 성공을 시기하기 때문이라고 치부하곤 한다. 이는 타인의 부정적인 평가로 인한 자존감의 위협과 손상을 막기 위한 방어 노력이라고 볼 수 있다.

(5) 칭찬과 인정에 대한 강한 욕구

자기애성 성격장애자는 다른 사람들이 자신을 주목해주고 칭찬해주는 것에 대한 욕구가 강렬하다. 스스로를 높이 평가하는 만큼 남들도 자신을 높이 평가해주기를 바라며, 자신이 한 생각이나 행동 혹은 존재 자체에 대해서 과도한 지지를 받고 싶어 한다. 또 자신이 완수한 업무나 일에 대해서 인정을 받고자 하는 욕망이 강하다. 지나칠 만큼 자기확신에 차 있으면서도, 남들이 칭찬을 '표현'해주기를 바라는 것은 어떻게 보면 역설적이다. 전술한 바와 같이 밀레니엄 세대는 전반적으로 자기애적 성향이 좀 높은 편이다. 최근 기업의 인사관리자들에 의하면, 요즘 세대는 업무에 대한 칭찬과 인정을 직접적으로 주지 않으면 쉽게 좌절하거나 부당하다고 느끼며, 부정적 업무평가나 지적을 받아들이지 못하고 분노하는 경향이 강하다고 한다(Dubrin, 2010).

4) 대인관계의 특성

(1) 외향적이고 우월적이거나 과민하고 위축된 태도

다음 절에서 다룰 자기애적 성격의 유형과 심각한 정도 및 처한 상황에 따라 자기애성 성격장애자가 대인관계에서 보이는 태도는 다르게 나타날 수 있다. 가장 잘 알려진 전형적인 자기애성 성격장애의 경우, 평상시 자기애적 방어가 성공적으로 작동할 때는 대인관계에서 자신만만하고 우월하며 거만한 태도를 보일 수 있으며, 처음에는 피상적이나마 외향적이고 사교적으로 보이기도 한다. 하지만 그 기저에는 타인을 조종하고 본인이 원하는 대로 결정하고 일처리하려는 욕구가 있다. 본인에 대한 통찰이 부족하고 자기중심적이기 때문에 이러한 욕구를 인식하기보다는 매사 자기 마음대로 주장해야 함을 당연시한다. 평상시 당당하고 거만하다가도, 실패나 좌절로 인해 자기애적 방어가 위협받게 되면 과민하고 위축된 태도를 보이기도 한다. 과민형 자기애성 성격장애의 경우에는 타인의 언행에 쉽게 공격성을 느끼거나 작은 실수에도 수치심을 느끼기 쉬워 대인관계에서 오히려 수동적이고, 내향적이며, 위축된 모습을 보이기도 한다. 반대로 당당하고 외향적이다가도 과민하고 위축되기를 반복하는 불안정한 양상을 보이는 경우도 있다.

(2) 공감능력 부족과 착취적 태도

앞에서 여러 차례 언급한 바와 같이 자기애성 성격장애자의 핵심 특성 중 하나는 바로 공감능력의 부족이다. 자기애성 성격장애자는 과도한 자기몰입으로 인해 타인도 자신처럼 고유한 감정과 욕구를 가진 하나의 독립된 인격체라는 사실을 잘 인식하지 못한다. 이들은 부지불식간에 타인을 '나를 인정하고 칭찬해줌으로써 나의 자존감을 높여주는' 수단적 존재로 인식하는 경향이 매우 강하다. 따라서 진정으로 상대방을 인정하고, 상대방의 입장에서 상황이나 감정을 제대로 공감하며, 상호 호혜적으로 관계를 맺기가 어렵다. 때문에 타인에게 과도한 것을 요구하고도 보답하거나 부담을 느끼기는커녕 당연시여기고 요구가 충족되지 않을 때 분노하는 착취적 태도를 보이기도 한다(Morf & Rhodewalt, 2001). 많은 경우, 부지불식간 타인을 착취하기 위해 교묘하게 타인을 조종하기도 하지만, 그러한 자신의 행동에 대한 불편감이나 자괴감은 좀처럼 느끼지 않는다.

스스로는 남을 배려하고 돕는다고 생각할 수도 있지만, 사실은 타인이 진정 무엇이 필요하고 무엇을 원하는지에 맞춰주기보다는 자신이 원하는 방식으로 돕고는 뿌듯함을 느끼는 경우가 많다. 또한 남을 도움으로써 우월감을 느끼기 위해 도움을 자처하는 경우도 많다(Pincus et al., 2009). 어느 정도 통찰력이 있고 사회적으로 세련된 자기애성 성격장애자의 경우, 과도하게 자기과시적이고 거만한 태도는 감추고 통제할 수 있지만, 근본적인 공감능력의 부족은 결국 주변 사람을 불편하게 만들고, 때문에 '진정한 친구'가 별로 없이 피상적인 인간관계를 맺는다.

기존 연구에 따르면 공감능력에는 2가지 종류가 있다. 타인의 입장을 이해할 수 있는 능력인 인지적 공감능력과, 타인의 감정 상태에 대한 본인의 감정적 반응인 정서적 공감능력이 그것이다(Davis, 1983). 연구결과에 따르면, 자기애성 성격장애자는 인지적 공감능력은 비교적 잘 발휘하나 정서적 공감능력이 정상인에 비해 저하된 것으로 나타났다(Roepke & Vater, 2014). 특히나 다른 감정에 비해 타인의 공포와 혐오감을 인지하는 능력이 더욱 부족하다고 한다(Ritter et al., 2011). 아마도 이 때문에 자신이 거만하고 통제적인 행동을 보일 때 타인이 이를 싫어하거나 불안감을 느낄 수 있다는 사실을 인지하기 어려운 것 같다. 또 다른 연구에 따르면, 실제로 자기애성 성격장애자는 정상인에 비해 공감능력을 담당하는 두뇌 부분예: 내측 섬엽anterior insula의 회백질이 더 작다고 한다(Schulze et al., 2013).

(3) 다른 사람에 대한 과도한 이상화 혹은 평가절하

한편, 이들은 주변의 가까운 사람들을 지나친 이상화와 평가절하로 양극화하는 경향이 있다. 즉, 자신을 알아주고 대단하다고 해주면 '좋은 사람'이고, 대단한 자신을 알아볼 눈이 있는 사람이라고 간주한다. 반면, 본인을 그만큼 알아주지 못하면 자신을 시기하기 때문으로 생각하고 적대시하기도 한다. 또한 사회경제적 지위처럼 자기가 중시하는 차원에서 본인의 '수준'에 미치지 못하면 쉽게 평가절하하고 무시하며 하대하기도 한다.

(4) 본인의 대인관계 행동에 대한 통찰력 부족

전술한바, 자기애성 성격장애자는 거만하고, 착취적이며, 안하무인격인 태도로 타인을 대한다. 그러나 본인은 자신이 어떻게 행동하는지 잘 모르고, 그것이 미치는 악영향에 대해서도 인식하지 못한다. 때문에 타인이 멀어지거나 부정적 반응을 보이는 연유를 이해하지 못한 채, 그저 분개하거나 본인을 시기해서라고 치부하는 것이다. 한 연구에 따르면(Miller, Pilkonis, & Cliftton, 2005), 자기애자는 자신의 대인관계 행동 문제를 과소평가하는 반면, 친구나 지인 등 주변인들은 이들의 자기애적 특성과 대인관계에서의 문제행동을 훨씬 더 나쁘게 평가하는 것으로 나타났다. ◆

3. 자기애성 성격장애의 진단

1) 자기애성 성격장애의 진단기준

자기애성 성격장애는 심리적 장애 가운데 성격장애의 한 유형이다. 성격장애는 부적응적 성격특성이 삶의 여러 분야에 전반적이고 경직되게 나타나며, 이로 인해 학업, 직업 및 대인관계에 어려움을 겪을 때 진단하게 된다. 미국정신의학회에서 2013년에 발간한 『정신장애의 진단 및 통계 편람-제5판(Diagnostic and Statistical Manual of Mental Disorders-5th edition: DSM-5)』에서는 자기애성 성격장애의 진단기준을 다음과 같이 제시한다.

정신장애의 다축적 진단체계 (DSM-5; APA, 2013)

축 I. 임상적 증후군(clinical syndrome)

개인이 현재 나타내고 있는 임상적 증상의 내용에 근거한 진단 차원이다. 여기에는 불안장애, 기분장애, 섭식장애, 수면장애, 신체형 장애, 해리장애, 정신분열증 및 기타 정신병 등의 범주가 있다. 또한 이러한 진단범주는 좀 더 세분화된 하위 진단범주로 구성되어 있어 임상적 증상에 따라 매우 구체적인 진단이 가능하도록 되어 있다.

축 II. 성격장애(personality disorders)

성격장애는 오랫동안 지속되어온 성격적인 특성으로 인해 적응상의 어려움을 나타내는 경우를 뜻한다. 축 II를 구성하는 성격장애는 이렇게 지속적으로 나타나는 성격적 문제를 진단한다는 점에서, 어떤 계기로 인해 생겨나 일정 기간 지속되는 임상적 증후군과는 다르다. 여기에는 자기애성 성격장애 외에도 연극성 성격장애, 반사회성 성격장애, 강박성 성격장애, 의존성 성격장애, 회피성 성격장애 등이 있다.

축 III. 일반적인 의학적 상태

고혈압이나 당뇨와 같은 비정신적인 신체적 장애나 신체 증상에 관한 정보로 구성된다.

축 IV. 심리사회적 요인

부모의 이혼이라든가 전쟁과 같이, 정신장애를 촉발한 심리사회적 및 환경적 문제에 관한 정보로 구성된다.

축 V. 전반적 기능 수준

현재의 전반적인 적응적 기능 수준을 평가한다.

자기애성 성격장애의 진단기준(DSM-5; APA, 2013)

공상이나 행동에서의 과장성, 칭찬에 대한 욕구, 감정이입의 결여 등의 광범위한 양상이 성인기 초기에 시작되어 다양한 상황에서 나타나며, 다음 중 5개 또는 그 이상의 항목을 충족시킨다.

1. 자신의 중요성에 대한 과장된 지각을 갖고 있다(예: 자신의 성취나 재능을 과장함, 뒷받침할 만한 성취도 없으면서 최고로 인정받기를 기대함).
2. 끝이 없는 성공에 대한 공상과 권력, 탁월함, 아름다움 또는 이상적인 사랑에 대한 공상에 자주 사로잡힌다.
3. 자신이 특별하고 독특하다고 믿고, 특별한 사람이나 상류층의 사람들만이 자신을 이해할 수 있으며, 또한 그런 사람들(혹은 기관) 하고만 어울려야 한다고 믿는다.
4. 과도한 찬사를 요구한다.
5. 특권의식을 가진다. 예를 들면, 특별대우를 받을 만한 이유가 없는데도 특별대우나 복종을 바라는 불합리한 기대감을 가진다.
6. 대인관계가 착취적이다. 예를 들면, 자기 자신의 목적을 달성하기 위해 타인을 이용한다.
7. 감정이입 능력이 결여되어 있다. 타인의 감정이나 요구를 인정하거나 확인하려 하지 않는다.
8. 자주 타인을 질투하거나 타인이 자신에 대해 질투하고 있다고 믿는다.
9. 거만하고 방자한 행동이나 태도를 보인다.

2) 자기애성 성격장애의 진단방법

자기애성 성격장애의 진단은 어떻게 내려지는가? 즉, 어떤 사람이 진단기준을 만족시키는지를 어떻게 알 수 있는가? 가장 좋은 방법은 숙련된 임상가의 포괄적이고 구체적인 면접과 관찰 및 여러 가지 심리검사를 통해 종합적으로 평가를 내리는 것이다. 심리학적 면접은 면담을 하는 사람의 기본적인 태도 등 몇 가지 원칙을 가지고, 여러 가지 질문양식 등의 기법을 동원하여 이루어지게 된다. 이에 관한 자세한 내용은 심리학적 면접이나 상담면접에 관한 책을 참고하기 바란다.

다양한 심리평가 검사 가운데 자기애성 성격장애 여부를 판단하는 데 유용한 심리검사는 크게 3가지가 있다. 이 심리검사들은 자기애성 성격장애뿐 아니라 모든 다른 정신장애 여부를 판별하는 데도 사용된다.

우선, 자신이 직접 질문지를 읽고 '예' 또는 '아니요'로 답하는 자기보고 형식의 검사로는 다면적 인성검사Minnesota Multiphasic Personality Inventory: MMPI가 있다. 투사법 검사로는 잉크를 종이에 떨어뜨려 반을 접었다 펴면 나오는 모양을 가지고 만든 10개의 카드를 보고 무엇처럼 보이는지 응답하도록 되어 있는 로르샤흐Rorschach 검사와, 한 명 이상이 등장하는 모호한 상황이 그려진 여러 장의 카드를 보고 어떠어떠한 상황인 것처럼 보인다고 설명하도록 하는 주제통각검사Thematic Apperception Test: TAT가 있다.

일반적으로 심리학적 평가에 사용되는 전문적인 검사 외에도, 자기애적인 성격특성만을 측정하기 위한 척도들이 다양하게 개발되어왔다. 이 중에서 현재 심리측정적으로 우수하고 널리 사용되고 있는 검사 중 하나는 래스킨Raskin과 홀Hall에 의해 개발된 자기애성 성격척도Narcissistic Personality Inventory: NPI다(Raskin & Hall, 1979). 이 척도는 자기보고형 검사로서 누구나 쉽게 실시해볼 수 있고, 자기애성 성격장애를 진단받은 임상집단이 아닌, 일반 정상인 집단에서 보이는 자기애성 성격특성을 측정하기 위해 개발되고 사용되어왔다. 여기에 채점하기 쉽도록 약간의 수정을 가한 자기애성 성격척도가 소개되어 있으니, 자신의 자기애적 성향이 궁금하다면 한 번 평가해보자. ◆

자기애성 성격척도

아래에 우리 자신에 관해 기술한 여러 가지 문장이 제시되어 있습니다. 각 문항에는 A, B 두 문장이 제시되어 있는데, 이 두 문장 중에서 자신에게 더 잘 맞는 문장을 선택하여 A 또는 B에 동그라미를 하십시오.

1. A. 나는 사람들에게 영향력을 행사하는 타고난 능력이 있다.
   B. 나는 사람들에게 영향을 주지 못한다.
2. A. 겸손은 내게 어울리지 않는다.
   B. 나는 기본적으로 겸손한 사람이다.
3. A. 나는 거의 모든 일을 과감하게 하는 편이다.
   B. 나는 상당히 조심스러운 편이다.
4. A. 다른 사람들이 계속 그렇게 말해주기 때문에 나는 내가 괜찮은 사람이라고 생각한다.
   B. 사람들에게 칭찬을 받으면 나는 때때로 당황하게 된다.
5. A. 내가 세상을 다스린다면 세상은 훨씬 더 살기 좋은 곳이 될 것이다.
   B. 내가 세상을 다스린다는 것은 생각만 해도 너무 겁나는 일이다.
6. A. 나는 무슨 일이든지 다른 사람을 설득하여 내가 원하는 방식대로 할 수 있다.
   B. 나는 내가 한 행동의 결과를 받아들이려고 노력한다.
7. A. 나는 여러 사람에게서 주목받는 것을 좋아한다.
   B. 나는 여러 사람 속에 섞여 있는 것이 더 좋다.

8. A. 나는 성공한 사람이 될 것이다.
   B. 나는 성공하는 것에 대해 그다지 신경쓰지 않는다.
9. A. 나는 특별한 사람이라고 생각한다.
   B. 나는 대부분의 사람보다 잘나지도 못나지도 않았다.
10. A. 나 자신을 좋은 리더라고 생각한다.
    B. 나는 좋은 리더가 될 자신이 없다.
11. A. 나는 자기주장을 잘한다.
    B. 나는 내가 좀 더 자기주장을 잘하면 좋겠다.
12. A. 나는 다른 사람들에게 권위를 갖는 것을 좋아한다.
    B. 나는 별로 개의치 않고 다른 사람의 지시에 따른다.
13. A. 사람들을 내 마음대로 조종하는 것이 나에게는 쉬운 일이다.
    B. 나는 사람들을 조종하고 있는 내 모습을 발견할 때 그것이 싫다.
14. A. 나는 내가 받아 마땅한 대접을 해줄 것을 요구한다.
    B. 나는 대개 내가 받을 만한 대접을 받는다.
15. A. 나는 내 몸매(또는 체격)를 과시하기를 좋아한다.
    B. 나는 내 몸매(또는 체격)를 과시하기를 별로 좋아하지 않는다.
16. A. 나는 다른 사람들의 마음을 훤히 읽을 수 있다.
    B. 사람들은 때때로 이해하기 어렵다.
17. A. 나는 내 책임하에 어떤 결정을 내리는 것을 좋아한다.
    B. 내가 잘할 수 있는 부분에 대해서는 기꺼이 의사결정의 책임을 진다.
18. A. 나는 세상 사람들의 눈으로 봤을 때 무언가 업적을 이룬 사람이 되고 싶다.

B. 나는 그저 적당히 행복하기를 원한다.

19. A. 나는 내 몸을 바라보는 것을 좋아한다.
B. 나의 신체는 별 볼 일 없다.

20. A. 나는 기회가 되면 나의 자랑거리를 드러내 보이는 경향이 있다.
B. 나는 나 자신을 자랑하지 않으려고 노력한다.

21. A. 나는 항상 내가 무엇을 하고 있는지 잘 알고 있다.
B. 내가 무엇을 하고 있는지 확신하지 못할 때가 있다.

22. A. 나는 어떤 일을 하기 위해서 누구에게 의존하는 일이 거의 없다.
B. 나는 어떤 일을 하기 위해 때때로 다른 사람에게 의지한다.

23. A. 누구나 내가 하는 이야기를 듣는 것을 좋아한다.
B. 나도 때로는 재미있는 이야기를 한다.

24. A. 나는 다른 사람들에게 기대하는 것이 많다.
B. 나는 다른 사람을 위해 무언가 하는 것을 좋아한다.

25. A. 나는 내가 당연히 얻어야 하는 것을 모두 얻을 때까지 결코 만족하지 않을 것이다.
B. 나는 그럴 만한 일이 생기면 그것에 대해 만족한다.

26. A. 나는 칭찬받는 것을 좋아한다.
B. 나는 칭찬을 들으면 좀 난처하다.

27. A. 나는 권력에 대한 의지가 강하다.
B. 나는 권력 그 자체에는 별 관심이 없다.

28. A. 나는 새로운 유행과 스타일을 주도하기를 좋아한다.
B. 나는 새로운 유행과 스타일에 대해 신경쓰지 않는다.

29. A. 나는 거울을 보는 것을 좋아한다.
B. 나는 거울을 들여다보는 데 별 관심이 없다.

30. A. 나는 모든 사람의 관심의 대상이 되는 것을 좋아한다.
B. 나는 모든 사람의 관심의 대상이 되는 것이 불편하다.

31. A. 나는 내가 원하는 대로 내 삶을 살 수 있다.
B. 항상 자신이 원하는 방식대로 삶을 살 수 있는 것은 아니다.

32. A. 사람들은 항상 나의 권위를 인정해주는 것 같다.
B. 권위를 갖는 것이 나에게는 큰 의미가 없다.

33. A. 나는 리더가 되는 것을 더 좋아한다.
B. 내가 리더이든 아니든 나에겐 별 상관이 없다.

34. A. 나는 위대한 사람이 될 것이다.
B. 나는 내가 성공할 수 있기를 바란다.

35. A. 나는 누구에게나 내가 원하는 대로 뭔가를 믿게 할 수 있다.
B. 사람들은 때때로 내가 하는 말을 믿는다.

36. A. 나는 타고난 리더다.
B. 리더십은 오랜 시간에 걸쳐 개발되는 것이다.

37. A. 훗날 누군가가 내 자서전을 써주었으면 좋겠다.
B. 나는 어떤 이유로든 사람들이 내 삶을 들추어내는 것이 싫다.

38. A. 나는 밖에 나갔을 때 사람들이 내 모습에 주목해주지 않으면 속이 상한다.

B. 나는 밖에 나갔을 때 군중 속에 묻혀 눈에 띄지 않아도 상관없다.

39. A. 나는 다른 사람보다 더 유능하다.
    B. 다른 사람에게도 아주 많은 것을 배울 수 있다.

40. B. 나는 비범한 사람이다.
    A. 나는 다른 여느 사람과 비슷하다.

채점 및 해석

A에 응답한 문항의 개수가 총점이 된다(0~40점).

- 30점 이상: 자기애적 성격 성향이 상당히 강하다.
- 23~29점: 자기애적 성격 성향이 다소 있다.
- 8~22점: 정상적이며 건강한 자기애를 지니고 있다.
- 7점 이하: 우울하거나 자존감이 저하되어 있다.

(이 해석표는 대학생의 자료에 근거하고 있다.)

4. 자기애성 성격장애와 정상적 자기애의 구분

1) 성격장애의 진단 모형

(1) 성격장애의 범주 모형

'장애'라는 말은 '병'이라는 의미다. '성격장애'란 마치 폐렴이나 위염처럼 어떤 하나의 질병으로서 성격장애가 '있음'을 의미한다. 즉, 콧물이 나고 목이 붓고 열이 나고 머리가 아프고 몸 여기저기가 쑤시고 결리는 것을 감기라고 하듯이, 우리가 앞에서 살펴본 특성들을 보이면 '자기애성 성격장애'라는 병에 걸린 것이라는 말이 된다. 이렇게 정신장애를 감기나 위장병처럼 하나의 질병단위로 보는 입장을 범주category적 모형이라고 한다. 미국정신의학회의 『정신장애의 진단 및 통계 편람』에서도 범주 모형을 따르고 있다.

하지만 감기와 같은 의학적 질병에는 바이러스 감염 등 명확한 원인이 있지만, 성격장애의 원인은 무엇 하나라고 명확하게 정의내리기가 매우 어렵다. 여러 임상가와 연구자들은 원인 구명을 위해 많은 노력을 기울여왔으나, 몇 가지 이론으로 성격장애를 모두 설명할 수는 없다.

성격은 태어나는 순간부터 그 사람이 가진 생물학적 유전적 특성과, 주변 사람이나 상황 등 주변 환경 사이에 복잡하고 오랜 동안 수많은 상호작용이 지속적으로 반복된 결과가 점진적으로 꾸준히 형성되고 굳어진 것이다. 즉, 성격은 그 사람의 전체, 전반적인 사람됨이다. 성격의 어려움을 '질병'이 생긴 것으로 보기 어려운 이유가 이것이다.

(2) 성격장애의 차원 모형

범주 모형을 보완하고자 많은 연구자가 차원dimension 모형을 연구해왔다. 특히 성격심리학자들에 의해 많이 연구된 이 모형은 성격특성이 어떤 연속선상에 있다고 가정하고, 그 연속선상에서 어느 정도의 지점에 위치하느냐 하는 것을 지표로 성격을 이해하고자 한다. 예를 들어, 성격에 외향성과 내향성의 단 두 범주만 있는 것이 아니라, 양극단에 매우 극단적인 외향성과 극단적인 내향성이 위치하고 그 사이에 그보다는 덜한 정도의 어떤 연속선이 있다고 보아, '외향성-내향성'이라는 차원의 연속선에서 그 사람이 어느 정도에 위치하는가로 그 사람의 성격을 파악하는 것이 차원 모형이다.

차원 모형에서는 외향성, 정서성, 개방성 등 여러 가지 차원의 성격특성들을 상정하고, 각 차원에서의 위치들의 조합을 통해서 그 사람의 총체적인 성격을 이해하고자 한다. 차원 모형의 관점에서 보면, 성격장애는 정상 상태와 뚜렷이 범주적으로 구별되는 질병 상태가 아니라, 정상적인 성격특성이 지나치게 경직되고, 너무 광범위하며, 부적당한 상황에서 나타나는 것이다. 즉, 정상성격과 성격장애는 하나의 연속선상에 있으며, 정상성격의 극단적인 형태가 성격장애라는 것이다.

(3) 성격장애는 질병인가

성격장애는 비록 '장애'로 통용되고 있지만, 이처럼 진단명을 붙여 '질병'처럼 취급하는 것은 성격장애에 대해 연구하고 치료하는 사람들 사이에서 성격장애를 더 잘 이해하고 의사소통을 원활히 하며 좀 더 나은 치료방법을 모색하기 위한 '수단'이라고 이해하는 편이 더 옳을 것이다. 한 예로 자기애성 성격장애자는 앞에서 기술한 여러 가지 인지적, 감정적, 행동적 및 대인관계적인 특성들을 함께 보이는 사람인데, 그러한 특성들은 사실 누구나 상황에 따라 가끔씩은 보일 수 있는 정상적인 성격특성들로, 단지 지나치게, 부적절하게 그리고 너무 많은 상황에서 극단적으로 나타나기 때문에 문제가 된다고 할 수 있다.

『정신장애의 진단 및 통계 편람』에서도 기본적으로 성격장애의 범주 모형을 채택하고 있지만, 이런 성격특성들이 살아가는 데 심각한 장애를 초래할 정도여야 성격장애로 진단할 수 있음을 분명히 밝히고 있어, 실제로는 성격의 연속성, 즉 차원 모형도 포함하고 있다. 실제로 『정신장애의 진단 및 통계 편람』 최신판 개정작업에서, 성격장애의 범주 모형을 차원 모형으로 전환하고자 하는 논의가 활발하게 이루어졌었다. 비록 개정판에 이러한 변화가 반영되지는 않았으나, 실제 임상 장면에서는 성격장애를 차원적으로 이해할 필요성에 대해 더욱 높은 공감대가 형성되어 있음을 알 수 있다.

2) 정상성격과 성격장애의 경계

차원 모형의 입장과 마찬가지로, 자기애 연구의 대가 중 한 명인 하인츠 코헛Kohut은 사람은 누구나 정상적인 자기애적 욕구와 동기를 가지고 있다고 하였다(Kohut, 1977). 그렇다면 이러한 특성을 얼마만큼 보이면 보통성격이자 개성이고, 어느 정도 이상이 되면 성격장애가 되는 것인가? 그리고 그 정확한 기준이 되는 경계는 어디인가?

사실 자로 선을 긋듯 정상성격과 성격장애의 경계선을 지정하기는 참으로 어렵다. 전술한바, 정상성격과 성격장애는 하나의 연속선상에 놓여 있다고 볼 수 있기 때문이다. 또한 이 사람이 성격특성만 가졌는가 아니면 성격장애자인가를 결정하는 것이 그 사람을 이해하는 데나 심리치료를 하는 데 별다른 차이를 가져오지는 않는다. 어떤 성격적 경향성을 가졌다는 사실 자체가 심한 스트레스 등의 상황적 변화에 따라 성격장애적 양상으로 발전하거나 부적응적이고 역기능적인 방식으로 대처하고 행동하게 할 가능성을 높이기 때문이다.

하지만 '정상성격이 어떤 상황에서 어떤 방식으로 나타난다면 성격장애라고 할 수 있다'는 판단의 기준은 있다. 물론 그 판단에도 임상가나 연구자의 주관이 개입될 수밖에 없지만, 그 기준은 다음과 같다.

첫째, 어떠한 부적응적인 성격특성이 '때와 장소'를 가리지 않고 여러 상황에 일관되게 나타난다면 성격장애라고 볼 수 있다. 자신의 성취를 자랑하거나 과시하는 태도를 가장 가까운 가족이나 친구에게만 보이고, 다른 사회적 상황에서는 통제할 수 있다면 이는 본인이 자신의 성격특성을 잘 조절할 수 있음을 나타내므로 장애라고 하기 어려울 수 있다. 그러나 거만한 자기과시적 태도를 직장 상사나 동료에게까지 무차별적으로 보이고, 이로 인해 직장 내 갈등이 야기된다면 이는 성격장애로 진단될 수 있는 기준을 충족하는 셈이다.

둘째, 어떠한 행동의 정도가 상황이나 상대방을 고려했을 때 '도가 지나치다'고 판단된다면 이도 정상성격이라고 보기 어렵다. 예를 들어, 누구나 어떤 성취를 이루었을 때 기뻐하고 자랑할 수 있지만, 그 정도가 지나쳐 타인의 공까지도 다 자신의 덕으로 돌려 타인의 눈살을 찌푸리게 한다면 이는 부적응적인 성격장애의 특성이라고 할 수 있다.

셋째, 다소 지나친 성격특성이 반복적이고 지속적으로 나타나야 한다. 어쩌다가 한 번 심한 스트레스를 받았을 때 감정이 폭발할 수도 있고, 화가 난 나머지 다른 사람에게 누군가의 험담을 할 수도 있다. 하지만 이러한 감정 폭발이 수시로 나타난다면 이는 성격장애의 특성일 수 있다.

넷째, 좀 더 객관적인 기준으로, 이러한 성격특성 때문에 학업이나 직무에 심각하게 방해가 되고, 대인관계에서 많은 갈등을 유발하여 일상생활을 유지해나가기 힘들 정도여야 한다.

다섯째, 그 사람이 자신의 그러한 성격 때문에 주관적으로 힘들고 괴로워야 한다. 이는 '나는 왜 이런 성격일까'라며 괴로워야 한다는 뜻이 아니라, 자신의 성격특성으로 야기된 여러 가지 문제 때문에 스스로 힘들어하고 고통을 겪어야 한다는 것이다.

이러한 기준을 고려해서도 성격특성인가 성격장애인가를

판단하기는 어렵다. 오랜 경험을 거친 숙련된 임상가도 마찬가지다. 무엇보다도 중요한 것은, 성격장애라는 진단을 내리는 데는 매우 신중해야 한다는 점이다. 일단 장애진단을 내리면 그것이 오진이었다 해도 취소하기가 쉽지 않다. 일단 진단이 주어지면 그 진단에 맞게 그 사람의 행동을 해석하게 되는 인간의 인지적 특성 때문이다.

또 한 가지 중요한 사실은, 꼭 성격장애까지는 아니더라도 어떤 부정적인 성격특성들을 어느 정도 가지고 있다는 것 자체가 삶을 살아가는 동안 사람들과 관계를 맺으면서, 직업적 장면에서 일을 해나가면서, 예상치 못한 스트레스가 닥쳤을 때 대처해나가는 과정에서 많은 영향을 미치는 어떤 소인이 될 수 있다는 것이다. 따라서 성격장애까지 이를 정도인가 아닌가를 논의하고 정확하게 판단하는 것보다, 어떤 성격특성들을 가지고 있는지를 확인하고 파악하는 것이 더 중요하다고 하겠다.

혹자는 정상적인 자기애와 병리적 자기애가 한 연속선상에 있는 정도의 차이라고 보지만(Cooper, 2005), 다른 학자들은 이 둘이 완전히 다른 별개의 성격 차원이라고 주장하기도 한다(Pincus et al., 2009). 최근 한 연구에서는, 자기애성 성격장애에 웅대성/악성grandiose-malignant, 취약성 그리고 고기능/자기과시형의 3가지 하위유형이 있는 것으로 파악하였다(Russ,

Shedler, Bradley, & Westen, 2008). 이 가운데 마지막 유형은 자기 자신의 중요성을 과대평가하긴 하였으나 외향적이고 에너지가 넘쳤으며, 기능 수준이 높고 자신의 자기애를 성취동기로 사용하는 경향이 있었다. 바로 이를 정상적 수준에 드는 자기애라고 볼 수 있으며, 이러한 자기애는 삶에서 주체의식을 높임으로써 자존감과 안녕감에 기여하기도 한다(Oldham & Morris, 1995).

3) 정상적 자기애와 병적 자기애의 구분

정상적이고 건전한 성격특성으로서의 자기애와 자기애성 성격장애의 경계는 어디이며 그 차이점은 무엇인가? 이에 대한 답을 하기에 앞서, 소위 정상적인 자기애란 무엇인지를 명료화할 필요가 있다.

자기 자신을 사랑하는 것은 자연스러운 일이며 결코 병적이라고 할 수 없다. 스스로를 가치 있는 중요한 존재로 여기는 것은 개인의 심리적 안녕과 건강을 위해 매우 중요한 조건이다. 자신을 지나치게 객관적으로 바라보게 되면 오히려 우울해질 수도 있다. 어떤 점에서 우리는 매우 미미하며 무력한 존재다. 거대한 현대사회에서 우리는 작은 부속품일 뿐이다. 설혹 내가 사라진다 해도 이 사회는 아무런 영향도 받지 않을 것이며, 누군가에 의해 나의 자리는 대체되고 곧 잊히게 될 것이다. 이렇게 우리 존재의 미약함을 생각하면 우울해지지 않을 수 없다.

그러나 우리는 주관적으로 우리 자신이 중요한 존재라고 생각하는 경향이 있다. 이러한 생각은 자기가치감을 증진시켜 삶에 대한 의욕과 활기를 가져오게 된다. 사회심리학적 연구에 따르면, 자기 자신에 대해서 그리고 세상에 대한 자신의 영향력과 통제 능력에 대해서 객관적인 현실보다 긍정적으로 생각하는 사람들이 정신적으로 건강하다고 한다. 이렇게 스스로를 가치 있는 존재로 여기며 자기 자신을 사랑하는 것은 정상적이고 건강한 성격의 지표다. 그렇다면 이러한 자존감과 자기애의 차이는 무엇이며, 정상적 자기애와 병리적 자기애의 차이는 무엇인가? 높은 자존감은 자기애의 한 특성이지만, 자기애에는 높은 자존감뿐 아니라 앞에서 전술한 여러 가지 인지적 · 정서적 · 행동적 특성이 포함된다. 소위 정상적인 자기애와 자기애성 성격장애를 비교하면 다음과 같다.

첫째, 과대하게 고양된 자기평가와 높은 자존감은 공통적인 특성으로 볼 수 있지만, 그 정도의 차이가 있다. 다소 과한 자신감과, 때로 과대망상 수준에 이를 정도의 비현실적으로 높은 자기평가의 차이라고 할 수 있다.

둘째, 높은 자존감이 얼마나 불안정하고 외부의 평가에 취약한가의 정도의 차이도 있다. 기본적으로 자존감이 고양되어 있으면 실패나 좌절에 취약할 수밖에 없지만, 자기애성 성격장애자들은 그 취약한 정도와 평가에 대한 예민성이 훨씬 심하다.

셋째, 자기애의 요소를 분석한 연구들에 따르면, 자기애의 특성 가운데 타인에 대한 착취적 태도와 특권의식이 가장 부적응적 요소라고 한다(Emmons, 1987; Raskin & Terry, 1988). 따라서 과대한 자기평가와 자기과시가 있더라도 타인을 이용하려는 착취적 태도가 현저하지 않으면 자기애성 성격장애이기보다는 자기애적 성격성향을 가진 정상범주에 속한다고 할 수 있다.

이렇듯 정상범주의 자기애적 성격성향과 자기애성 성격장애는 자기애적 성격특성이 얼마나 심한가 하는 양적 정도뿐 아니라 질적인 면에서도 차이가 있다. 그러나 자기애적 성격과 병적인 자기애를 구분하는 일은 쉽지 않다. 자기애적 행동특성이 사회적으로 용인되는 수준은 여러 문화마다 그리고 사회적 상황마다 다르다. 예를 들어, 자신의 의견을 주장하고 관철시키려는 행동이 미국문화에서는 당연시되는 반면, 한국사회에서는 거만하거나 자기고집만 피우는 이기적 행동으로 치부될 수 있다. 똑같은 행동도 행위자의 성별이나 나이에 따라서도 달리 평가된다. 예를 들어, 자신의 성취를 자랑하고 과시하는 행동도 남성이 하면 당당하고 자신감 있는 모습으로, 여성이 하면 대가 세고 남을 휘두르려 한다고 해석되는 경향이 있다. 따라서 개인이 나타내는 행동과 성격특성이 정상범주인가 장애에 속하는가는 여러 가지 사회문화적 요소를 고려하여 판단해야 한다. ◆

5. 자기애성 성격의 유형

앞에서 잠시 언급한 바와 같이, 자기애라는 개념은 자기애성 성격장애가 정신장애의 일부로 분류되기 훨씬 전부터 여러 가지 각도에서 연구되었다. 현재 『정신장애의 진단 및 통계 편람』에 분류된 자기애성 성격장애는 한 유형의 자기애만을 도입하고 있어, 다양한 자기애적 문제와 유형을 전반적으로 다루지 못한다는 비판을 받기도 한다.

1) 웅대성 자기애와 취약성 자기애

많은 연구자와 임상가가 각기 다른 연구방법과 척도로 연구한 바를 종합하면, 자기애적 성격은 크게 2가지로 분류된다. 하나는 과대평가된 자기상과 안하무인적 태도가 두드러진 웅대성 자기애, 다른 하나는 타인의 평가 및 실패에 예민하여 자기애적 상처를 겪기 쉬운 취약성 자기애다. 여러 연구자가 서로 다른 이름으로 2가지 자기애적 특성을 이름 붙여왔으나, 결과적으로는 이 2가지 특성으로 수렴한다는 사실이 흥미롭다. 예를 들면, 로젠펠드Rosenfeld는 자기애성 성격이 안하무인격으로 나타나는 후피적 자기애자thick-skinned narcissist와, 좀 더 조심스럽게 이런 특성을 나타내는 박피적 자기애자thin-skinned narcissist로 구분하였다(Rosenfeld, 1987). 가바드Gabbard도 타인을 고려하지 않는다는 의미에서의 부주의형 자기애자oblivious narcissist와, 타인의 '눈치'를 지나치게 본다는 의미를 내포하는 과잉경계형 자기애자hypervigilant narcissist로 구분하였다(Gabbard, 2009). 윙크Wink 및 악타Aktar와 톰슨Thompson은 자기애적 특성이 외적으로 두드러지게 나타난다 하여 전자를 외현적overt 자기애, 예민하고 위축된 겉모습 때문에 실제로 웅대한 자기상이 가려진다 하여 후자를 내현적covert 자기애라 구분하기도 하였다(Aktar & Thompson, 1982; Wink, 1991). 따라서 외현적 · 내현적 자기애라는 용어가 두 유형을 구분하기 위해 널리 사용되어왔다. 그러나 외현적과 내현적의 구분은 그 용어가 혼란을 야기할 수 있다는 지적이다(Roepke & Vater, 2014). 외현적은 겉으로 드러난, 내현적은 겉으로 드러나지는 않으나 내적으로 내재한다는 의미다. 즉, 웅대한 자기애자에게도 외현적 특성예: 자기과시적 행동과 내현적 특성예: 본인이 자각하지 못하는 열등감이 있고, 취약성 자기애자에게도 외현적 특성예: 위축된 행동과 내현적 특성예: 내적 수치심이 있다. 또한 내면의 취약성이 웅대한 자기애자의 내현적 특성이 되기도 한다. 따라서 행동적 특성에서 다르게 나타나는 2가지 다른 유형을 외현적 · 내현적 자기애보다 웅대한 자기애와 취약성 자기애로 명명하는 것이 혼란을 줄일 수 있다.

웅대성 자기애grandiose type는 제3자가 객관적으로 관찰할 수 있을 만큼 소위 '전형적' 자기애적인 속성이 외적으로 드러나는 경우로 『정신장애의 진단 및 통계 편람』에 제시된 자기애성 성격장애의 진단기준에 잘 부합하는 유형이다. 우리가 앞에서 살펴본 자기애성 성격장애의 주된 특성이 바로 웅대성 자기애자에 관한 것이다.

취약성 자기애hypervigilant, vulnerable는 자기과시나 거만한 태도 등 외적으로 두드러진 자기애적 행동은 잘 나타나지 않지만, 작은 실패나 외부 평가에 과도하게 예민하여 쉽게 상처받고 좌절하는 취약성이 주된 특징인 유형이다. 취약성 자기애자들은 타인의 반응에 민감하고, 수줍음을 많이 타며, 지나치게 감정을 억제하고, 사람들 눈에 띄거나 관심이 집중되는 것을 불편해한다. 타인이 자신을 인정해주는지 여부에 늘 촉각을 곤두세우고, 작은 일에도 마음의 상처를 입게 입으며, 수치심과 굴욕감을 느끼기 쉽다. 따라서 자신이 뭔가 잘 못하는 모습을 보이거나 창피를 당할 위험이 있는 상황은 어떻게든 피하려 하고, 어쩔 수 없이 그런 상황에 처하게 되면 어떻게 해야 다른 사람들이 자신을 좋게 보아줄지에 대해서 노심초사한다. 언뜻 보면 이러한 특성이 왜 자기애적인지 이해하기 어려울 수 있다. 그러나 이러한 '과민한' 행동 양상 기저에는 '나는 상처받아서는 안 되고, 거절당해서도 안 되며, 못하는 것이 있어서도 안 되고, 밉보여서는 안 되는 사람이다'라는 자기상이 뿌리 깊게 자리 잡고 있다. 즉, '나도 뭔가 못할 수도 있다, 못날 수도 있다'는 것을 받아들이지 못하기 때문에 이를 '자기애적' 혹은 '자기도취적'이라고 개념화할 수 있다는 것이다. 실제로 이들을 깊이 있게 면접해보면, 최고가 되는 공상을 하거나, 겉으로 드러내지 않는 강렬하고 웅대한 자기에 대한 선망을 들을 수 있다고 한다. 아무도 이들의 위축되고 예민한 외형에서 내면의 이러한 생각을 짐작하기 어려우나, 이런 위축된 행동을 야기하는 것은 내현적 웅대성 그리고 그 웅대성에 작은 상처라도 나는 것을 두려워하는 취약성이다. 로닝스탬Ronningstam은 이들을 수줍은 자기애자라고 명명하였고(Ronningstam, 2005), 『정신분석적 진단 편람Psychodynamic classification of mental disorders』(2006)을 작성한 저자들은 이 유형을 우울/고갈된depressed/depleted 유형이라고 명명하였다. 러스Russ 등은 군집분석을 통해 자기애성 성격장애에 웅대성/악성,

취약성 그리고 고기능/자기과시형의 3가지 하위유형을 발견하였다(Russ et al., 2008). 즉, 웅대성 자기애와 취약성 자기애가 병리적 자기애의 두 유형을 확인함과 동시에, 자기과시를 하긴 하나 어려움 없이 잘 살아가며, 지나치게 부적응적 양상을 보이지 않는 정상범주의 자기애자도 존재함을 보여주었다.

한 가지 구분하여 언급할 점은, 내적인 열등감과 수치심, 타인의 평가에 대한 예민성 등의 취약성이, 웅대한 자기애자들의 내현적 특성, 즉 겉으로 드러나지는 않으나 내면에 자리잡은 특성이라는 점이다. 즉, 실패나 좌절의 경험 등으로 웅대한 자기애자의 자기애적 방어가 흔들리게 되면, 이러한 내현적 취약성이 수면 위로 떠올라 웅대한 자기애자들도 우울감과 수치심을 경험하고 괴로워하게 된다. 또한 웅대한 자기상도 취약성 자기애자의 내현적 특성이다. 즉, 취약성 자기애자들은 위축된 모습을 보이지만 깊은 내면에는 '나는 대단하다'는 웅대한 자기상이 내재해 있다. 다시 말하면, 웅대성 자기애와 취약성 자기애의 두 유형은 외현적으로 드러나는 행동양상에 기반을 두고 구분한 것으로, 웅대성과 취약성이 가장 두드러지게 존재하는 2가지 유형의 자기애자들이 존재한다. 하지만, 취약성은 웅대성 자기애의 내현적 특성, 반대로 웅대성도 취약성 자기애의 내현적 특성이기도 하다.

최근 연구자들(Roepke & Vater, 2014)은 자기애의 핵심 특성인 취약성이 『정신장애의 진단 및 통계 편람』의 자기애성 성격장애 진단기준에 포함되지 않은 것이 문제라고 지적하였다. 즉, 취약성을 고려하지 않고는 자기애의 전체적 역동과 양상을 이해할 수 없으므로 이를 포함시켜야 한다는 것이다. 최근 개정판에서도 취약성은 진단기준에 결국 포함되지 않았으나, '관련특성'을 논의하는 부분에서 자세히 거론되어왔다.

(1) 웅대성 자기애와 취약성 자기애의 차이점

두 자기애 유형의 차이점이 가장 두드러지게 나타나는 영역은 대인관계 행동이다. 웅대성 자기애자는 자기과시와 오만하고 안하무인적 행동이 현저히 드러나지만 자기의 행동이 어떻게 비춰지는지에 대한 인식과 통찰이 절대적으로 부족하다. 반면, 취약성 자기애자는 자신의 행동이 어떻게 보이는지 과도하게 민감하여 자신을 낮추거나 드러내지 않으려 하며, 지속해서 주위를 살핀다. 이러한 서로 다른 행동 기저에는, 타인을 자신과 분리된 독립된 인격체로 인식하고 그들의 입장에서 생각할 수 있는 공감능력이 절대적으로 부족하다는 공통점이 있다. 즉, 웅대성 자기애자에게 타인은 '나를 칭찬해주고 대단하다고 해주는 거울반응mirroring의 공급자이자 내가 하라는 대로 나의 욕구를 충족시켜주는 도구적 존재'라면, 취약성 자기애자에게 타인은 '나를 인정해주거나 비판하는, 나에 대한 평가를 위해 존재하는 나의 연장선' 으로 인식된다.

두 유형을 구분하는 또 다른 심리적 차원은 바로 자존감을 유지해가는 방식이다. 웅대성 자기애자는 평상시 자기과시를 통해 타인에게 인정과 칭찬을 요구하고, 이를 받음으로써 지속적으로 높은 자존감을 유지하려 한다. 타인의 비판이나 거절에 대해서는 분노반응을 보이거나, 그 사람을 자신을 이해할 만한 수준이 못 되거나, 자신을 시기질투하는 사람으로 치부함으로써 자존감에 대한 위협을 차단하려 한다. 취약성 자기애자가 자존감을 유지하는 방략은, 자존감에 손상을 입거나 위협이 될 만한 상황을 아예 회피하는 것이다. 때문에 그들은 자신이 잘못할 수 있는 상황인지 아닌지, 사람들에게 받아들여질 수 있는 상황인지 아닌지, 이 상황에서 어떻게 행동하면 좋을지를 알아내기 위해서 자신의 일거수일투족에 대한 다른 사람의 반응과 표정 등을 유심히 살피게 된다.

(2) 웅대성 자기애와 취약성 자기애의 공통점

이 두 유형은 모두 '자기애적' 이라는 점에서 공통적이다. 즉, 웅대성 자기애의 경우처럼 외현적으로 드러나든 취약성 자기애의 경우처럼 내현적으로 감춰져 있든, 이들은 '나는 대단하고 특별하다' 는 웅대한 자기상을 가지고 있다. 웅대한 자기상을 대놓고 드러내는 웅대성 자기애자와 달리, 취약성 자기애자는 외견상 타인에게 주목하고 순종적이고 자신감 없게 행동하지만, 좀 더 깊이 있게 사귀어보면 스스로도 의식할 수 있는 내면세계에 상당한 자만심이 자리 잡고 있으며, 외현적 행동은 이러한 자만심을 다치거나 들키지 않기 위한 방략임을 알 수 있다.

또한 전술한 바와 같이, 이들에게는 '자기'만 중요하고, 타인은 나를 위한 도구적 존재로 인식한다는 점이 공통적이다. 인지적 공감능력은 나쁘지 않아 머리로는 타인의 입장을 이해하는 데 어려움이 없으나, 정서적 공감능력, 즉 타인의 감정을 독립된 것이고 중요한 것으로 인식하는 능력이 부족하다. 웅대성 자기애자에게 타인은 '나의 위대함을 칭찬하고 나에게 봉사하는 존재', 취약성 자기애자에게 타인은 '나를 받아들여주고 좋아해주는 존재'인 것이다.

또 한 가지 공통적인 특징은 두 유형 모두 지루함을 잘 느끼고 참을성이 부족하다는 점이다(Wink & Donahue, 1997). 웅대성 자기애자는 본인 뜻대로 일이 빨리 이루어지지 않는 것에 대한 참을성이 부족하고 닦달하는 경향으로 인해 기다리는 동안 지루함을 느끼고, 취약성 자기애자는 타인의 인정에 매여 있기 때문에 내적인 동기가 부족하고 모든 일이 의미없는 것처럼 느껴져 삶이 공허하고 지루하다고 느낀다.

2) 밀론의 분류에 따른 유형

많은 연구자가 여러 방법론을 통해 웅대성 자기애와 취약성 자기애를 구분했다면, 성격장애에 대한 세계적인 권위자인 심리학자 밀론Millon은 주로 임상적 관찰을 통해 겉으로 드러나는 자기애적 양상이 어떤 방향으로 치우치는가, 내면의 자기애적 역동이 어떠한가에 따라 자기애성 성격장애자를 엘리트형 자기애자, 보상형 자기애자, 무절제형 자기애자, 호색형 자기애자로 세분하였다(Millon, 1996).

(1) 엘리트형 자기애

엘리트형 자기애자elitist narcissist는 자신이 특별히 우월한 존재라는 특권의식에 사로잡혀 있어 거만하게 행동하며, 남보다 뛰어나려는 '일등주의'를 강렬하게 추구하고, 사회적 인정과 찬사에 매우 집착하는 경향이 더욱 두드러지게 나타나는 유형이다. 이들은 자신이 대단한 존재라는 신념이 확고하여 타인의 비판이나 좌절에 영향을 받지 않으며, 비교적 안정된 감정 상태를 유지한다. 대부분이 스스로가 우수하다는 것을 인정받기 위해 열정적으로 일하고, 사회적으로 높은 지위를 추구하며, 자신의 성취를 다른 사람에게 적극적으로 홍보하여 사회적으로 유명해지기 위해 노력하기도 한다. 이들의 자기상self-image은 현실보다 과장된 경향이 있지만, 실제로 어린 시절부터 상당한 재능과 능력을 보여왔거나 사회적으로 성공한 지위에 있는 경우가 많다. 이들은 러스 등이 분류한 자기과시/고기능 자기애자에 유사하다고 하겠다.

(2) 보상형 자기애

보상형 자기애자compensatory narcissist는 내면적으로 자기 자신이 뭔가 부족하고 열등한 것 같다는 깊은 부적절감과 결핍감을 지닌 사람들로서, 이러한 자신의 모습을 보상하기 위하여 웅대한 자기상에 집착하고 외현적으로 자신을 지나치게 과시하며 거만하게 행동한다. 이들은 어린 시절에 주변 사람들로부터 인정받지 못한 깊은 상처를 지니고 있으며, 자신을 인정해줄 사람들을 필사적으로 찾으려 한다. 또한 주변 사람들의 평가나 비난에 매우 예민하여 쉽게 상처를 받고, 수치심과 모욕감을 잘 느끼는 경향이 있으며, 피해의식을 느끼기 쉽다. 이들은 웅대한 자기애자가 자기애적 방어가 실패하였을 때 내적 취약성이 드러난 경우, 혹은 취약성 자기애자들의 행동양상과 유사하다.

(3) 무절제형 자기애

무절제형 자기애자unprincipled narcissist는 다른 사람의 입장이나 권익 등에 무관심하며, 매우 자기중심적이고 심지어 착취적으로까지 행동하는 유형이다. 주변 사람들에게 자신을 특별히 대우해줄 것을 무리하게 요구하기도 하고, 자신의 이익과 성공을 위해서는 다른 사람을 속이고 이용하거나 심지어 위협을 가하기도 한다. 그러면서도 이러한 행위에 대해서 책임감이나 죄책감을 전혀 느끼지 않는 등 사회적 양심이 결여되어 있는 경우가 많다. 이러한 유형의 자기애자는 반사회적 성격특성을 함께 지니고 있으며 흔히 약물중독자, 비행청소년, 범죄자 중에서 발견되는 경향이 있다고 한다. 최근 들어 불거진 사회적 논란에서 보듯, 자신보다 사회적 지위가 낮은 사람들에게 소위 '갑질'을 해대는 사람들이 이런 유형에 속할 수 있다.

(4) 호색형 자기애

호색형 자기애자amorous narcissist는 자존감과 자기가치감을 높이기 위해 이성을 성적으로 유혹하고 정복하려는 이기적인 성적 취향을 지닌 사람들이다. 이들은 자신에 대한 뿌리 깊은 열등감을 극복하기 위해 이성관계 속에서 성적인 능력과 우월함을 입증하고자 한다. 이들은 대체로 진실성이 부족하고, 거짓말을 잘하며, '노출증적으로' 자신을 과시하는 경향이 강하다. 흔히 애정 욕구가 강한 순진한 사람들을 유인하고 현혹하여 자신의 뜻대로 이용하고 착취하는 데 능란한 기술을 지니고 있으며 문란한 성행위, 병적인 거짓말, 사기행각을 벌이는 경우도 있다. 최근 들어 연예인들 가운데 소위 '나쁜 남자'들이 이러한 거짓말과 사기행각으로 물의를 일으킨 바 있다. 이들이 보이는 행동 양상이 호색형 자기애자의 특성과 가장 유사하다고 할 수 있다. ◆

6. 자기애성 성격장애의 임상적 특성

1) 자기애성 성격장애의 유병률과 성차

전술한 바와 같이, 『정신장애의 진단 및 통계 편람』은 웅대성 자기애를 자기애성 성격장애로 분류하여 기재하고 있다. 그렇다면 얼마나 많은 사람이 이러한 자기애성 성격장애자일까? 앞에서 말했듯이 사회가 점차 자기애적인 모습을 조장하고 격려하는 면이 많아지면서 자기애성 성격장애자가 더 늘어났다는 주장도 제기되고 있다. 이에 대한 경험적 연구결과를 보면, 자기애적인 사람이 실제로 많아졌다고 보고하는 연구도 있고, 사회에서 자기애적인 측면을 부각시키기 때문이지 실제로 그런 사람이 과거보다 늘어난 것은 아니라는 결과도 함께 보고되고 있다.

또한 미국사회를 제외한 다른 사회에서는 자기애성 성격장애가 그렇게 많이 나타나고 있지는 않다는 주장도 있다. 미국 정신의학회에서 펴낸 『정신장애의 진단 및 통계 편람』에는 자기애성 성격장애가 포함되지만 세계보건기구의 기준인 『세계질병분류International Classification of Disease-10』에는 자기애성 성격장애가 없다는 사실도 이를 뒷받침한다. 하지만 전 세계적으로 소위 산업사회가 증가하면서 전 세계가 점차 미국과 유사한 사회문화적 특징을 띠어가고 있고, 우리나라도 많은 영역에서 미국사회의 특징을 닮아가고 있는 것이 사실이다. 핵가족화로 인해 가족의 관심과 물질적 자원을 한몸에 받아온 세대에게 자기애적 몰입은 전 세대적인 특성으로 보인다. 따라서 자기애성 성격장애 진단은 이러한 사회문화적 변화도 고려하여 내려져야 한다.

현재 국내에 자기애적 성격인 사람들이 얼마나 되는지에 대한 역학적 조사 결과가 발표된 연구를 저자는 아직 보지 못했다. 따라서 미국사회를 기준으로 전체 인구의 어느 정도가 자기애성 성격장애자인지 살펴보겠다.

(1) 유병률

일정한 기간 동안 어떤 집단의 사람들 중에 얼마나 많은 사람이 그 장애를 가지고 있는지를 백분율로 나타낸 것을 유병률이라고 한다. 대개 1년 동안 '일반인' 중에 얼마나 많은 사람이 그 장애를 가지고 있는가, 그리고 정신병원을 찾아온 '정신과 환자' 중에 얼마나 많은 사람이 그 장애를 가지고 있는가의 2가지 유병률을 기준으로 하게 된다.

자기애성 성격장애자는 미국사회에서 일반인 중에 약 1% 미만이고, 정신과를 찾은 환자집단에서는 2~16% 정도 되는 것으로 보고되고 있다. 일반인 중에 전체 인구의 1% 미만이라는 것은 상당히 낮은 수치다. 하지만 자기애성 성격장애 진단을 받을 정도까지는 아니더라도 그런 성격의 경향이 있는 사람은 이보다 훨씬 많다. 실제 미국의 임상장면에서 발견되는 자기애적 성격성향자의 비율은 역학조사에서 나타나는 유병률보다 훨씬 높다고 한다. 이러한 성격의 경향성이 있다는 것만으로도 어떤 일이나 대인관계를 얼마나 적절히 해낼 것인가, 우울증이나 조울증 등 또 다른 정신장애가 함께 있을 때 그 장애가 앞으로 어떻게 발전될 것인가 혹은 얼마나 잘 치료될 수 있을 것인가에 중요한 영향을 준다.

(2) 성별에 따른 차이

대체로 자기애적 성격은 남자에게서 더 많이 나타나는 것으로 보고되고 있다. 미국사회에서 자기애성 성격장애 진단을 받은 사람의 50~75%가 남자였다고 한다. 사실 사회문화적으로 보았을 때, 자기애적인 사람의 특징은 전통적으로 남성의 역할이나 소위 남자다움과 좀 더 가까운 것으로 간주되는 경향이 있다. 즉, 남성에게는 사회문화적으로 '자기애적인 모습'이 더 허용되거나 격려될 수 있지만 여성의 경우에는 그렇지 않은 편이라고 할 수 있다. 따라서 남성이라는 것 자체 때문에 좀 더 자기애적인 사람이 되기 쉬운 것이라기보다는, 여성에게는 사회적으로 그런 모습이 덜 허용적이기 때문에 자기애적인 모습을 '드러내는 것'이 적어도 격려되지는 않을 것이다. 따라서 여성의 경우는 좀 더 다른 모습으로 '자기애적인 특징'이 나타나는 것이지 여성이라고 해서 자기애적인 사람이 더 적다고 볼 수는 없다는 주장도 설득력이 있다.

2) 성격장애와 다른 정신장애의 관계

성격장애는 우울장애나 불안장애, 정신분열증 등 특정한 증상을 보이는 장애들과 차이가 있다. 즉, 사고 및 감정에서 어떤 병리적인 증상이 발현되어 증상의 호전 혹은 악화라는 경과를 밟게 되는 정신장애들과, 그 사람의 삶 전반에 영향을 미치며 지속적으로 일정하게 유지되는 성격장애는 서로 구분된다. 이전까지 『정신장애의 진단 및 통계 편람』에서는 정신분열증, 우울장애 등 증상 중심의 장애를 축 I로, 성격장애를 축 II로 나누어 분류하였다. 그러나 최신 개정판에서는 이러한 구분이 사라졌다. 축 I과 축 II로 나누어 진단하는 것이 임상적 유용성이 별로 없다는 연구결과에 따른 것이다.

성격장애와 다른 정신장애 간의 관련성은 2가지로 생각해 볼 수 있다. 하나는 다른 증상중심의 정신장애들과의 관련성이고, 다른 하나는 다른 성격장애들과의 관련성이다. 먼저, 일반적으로 성격장애와 증상중심 정신장애는 다음과 같이 서로 연관될 수 있다.

첫째, 성격장애는 환경과 상호작용하는 기본적인 사람됨이기 때문에 일종의 취약성이나 소인으로 작용하고, 따라서 성격장애가 있었기 때문에 증상중심 장애가 발병할 수 있다. 예를 들어, 의존성 성격장애가 있어서 워낙 의존적이고 타인에게 민감하다 보니 스트레스를 많이 받아 우울장애에 걸리게 되는 경우다.

둘째, 증상중심 장애가 발병함으로 인해 성격이 부적응적으로 변화하여 성격장애가 될 수도 있다. 예를 들어, 우울장애가 발병하여 마음이 너무 우울하고 힘들어서 다른 사람들에게 자꾸 의지하려다 보니 의존성 성격장애가 되는 경우다.

셋째, 성격장애와 증상중심 장애가 서로 영향을 미치는 것이 아니라 따로 분리되어 발병하고 경과가 진행되는 경우도 있다. 예를 들어, 강박적 성격장애와 사회공포증을 모두 보이는 사람의 경우, 이 두 장애가 서로에게 어느 정도 영향을 끼

쳤겠지만 어느 하나가 선행되거나 다른 장애의 원인 혹은 소인은 아닐 수 있다.

여러 성격장애 간의 관계를 『정신장애의 진단 및 통계 편람』 최신판에서는 이전판에서와 마찬가지로 성격장애를 모두 10가지로 분류하고 있다. 또한 이 10가지 성격장애 유형을 유사한 속성에 따라 A, B, C 세 군집으로 나누고 있다. 같은 군집에 속하는 성격장애들 간에는 서로 공통되게 나타나는 특성이 많이 있다.

실제 임상장면에서는 한 사람이 여러 가지 성격장애의 특성을 고루 가지고 있는 경우도 있고, 그 사람이 보이는 특성들이 어떤 성격장애를 반영하는 것인지 명확하게 파악하기 어려운 경우도 많다. 성격장애의 범주 모형보다 차원 모형이 더욱 지지를 받는 이유도 여기에 있다.

성격장애의 분류(DSM-5; APA, 2013)

A군 성격장애

군집 A에 속하는 성격장애는 기이하고 괴상한 행동이 주된 특성이다.

편집성 성격장애(paranoid personality disorder): 타인의 의도를 적대적인 것으로 해석하는 불신과 의심이 가장 큰 특징이다. 편집성 성격장애자는 다른 사람이 자신을 부당하게 이용하고 피해를 주고 있다고 잘못 생각하고, 친구의 우정이나 배우자가 정숙한지를 자주 의심하며, 자신에 대한 비난이나 모욕을 잊지 않고 가슴에 담아두어 상대방에게 보복하는 경향이 있다.

분열성 성격장애(schizoid personality disorder): 감정표현이 없고 대인관계를 기피하여 고립된 생활을 하는 특성을 갖는다. 이런 성격의 소유자는 사람을 사귀려는 욕구가 없고, 생활 속에서 거의 즐거움을 느끼지 못하며, 타인의 칭찬이나 비난에 무관심하고, 주로 혼자 하는 활동에 종사하는 경우가 많다.

분열형 성격장애(schizotypal personality disorder): 친밀한 인간관계를 불편해하고, 인지적 또는 지각적 왜곡 등의 사고장애가 일시적으로 나타나며, 일반인이 보기에 좀 기괴한 행동을 곧잘 보인다. 이런 성격을 지닌 사람은 심한 사회적 불안을 느끼며, 마술적 사고나 다른 사람들이 이해하기 힘든 기이한 신념에 집착한다.

B군 성격장애

B군 성격장애는 매우 감정적이고, 드라마틱하며, 변화가 많은 행동이 주된 특징이다.

반사회성 성격장애(antisocial personality disorder): 사회적 규범이나 타인의 권리를 무시하는 행동 양상이 가장 두드러진 특징이다. 거짓말, 사기, 무책임한 행동, 폭력적 행동, 범법행위를 자주 하면서도 이러한 행동에 대해서 후회나 죄책감을 전혀 느끼지 않는다.

경계선 성격장애(borderline personality disorder): 대인관계, 자기상과 감정이 매우 불안정한 것이 특징으로, 남들로부터 버림받지 않으려고 처절하게 노력하며, 대인관계가 '너무너무 좋거나' '너무너무 나쁘거나' 하는 등 매우 강렬하면서도 불안정하다. 이런 성격의 소유자는 만성적으로 공허감과 분노를 경험하고, 매우 충동적으로 행동하며, 자살이나 자해행동을 하기도 한다.

자기애성 성격장애(Narcissistic personality disorder): 앞서 살펴보았듯이, 자신이 대단히 중요한 사람이라고 생각하고 다른 사람으로부터 찬탄을 받고자 하는 욕구가 강한 반면, 자신의 이익을 위해 타인을 이용하며 타인의 감정을 이해하는 공감능력이 결여되어 있는 것이 주된 특징이다.

연극성 성격장애(histrionic personality disorder): 유혹적인 태도와 드라마틱한 감정표현을 주된 특징으로 한다.

C군 성격장애

C군 성격장애는 지속적인 불안과 두려움이 가장 두드러진 특징이다.

회피성 성격장애(avoidant personality disorder): 타인으로부터 부정적 평가를 받는 것에 과도하게 예민하며, 다른 사람과 만나는 사회적 상황에서 지나치게 감정을 억제하고 부적절감을 많이 느끼게 되어 대인관계를 회피하는 특성을 가지고 있다.

의존성 성격장애(dependent personality disorder): 타인으로부터 보살핌을 받고자 하는 과도한 욕구를 지니고 있어서, 이를 위해 타인에게 지나치게 순종적이고 굴종적으로 행동한다.

강박성 성격장애(obsessive-compulsive personality disorder): 질서정연함, 완벽함, 자기통제, 절약에 과도하게 집착하며 지나치게 꼼꼼하고 완고하며, 사소한 것에 집착하는 특성을 가지고 있다.

3) 자기애성 성격장애와 증상중심 장애의 관계

자기애성 성격장애는 증상중심의 정신장애와 함께 진단되는 경우가 많다. 실제로 자기애성 성격장애자가 성격문제로 치료기관에 찾아오는 경우보다는, 이러한 성격문제로 인해 파생된 우울증이나 불안 등 임상적 증상을 치료하기 위해 전문가를 찾는 경우가 더 일반적이다. 이들이 스스로 자신의 성격에 문제가 있음을 인식하기는 매우 어려운 일이기 때문이다.

최근 연구들에 따르면, 자기애성 성격장애는 대인관계 문제, 약물 남용 및 의존문제, 공격성 및 성적 공격성, 충동성, 살인 충동 그리고 자살 혹은 유사자살행동과 관련된다고 한다(Miller et al., 2007; Pincus et al., 2009). 자기애성 성격장애가 이러한 문제의 원인이라고 단언하기는 어렵다. 즉, 자기애성 성격장애자들이 반드시 공격성과 살인 및 자살 행동을 보인다는 뜻은 아니지만, 그럴 가능성이 자기애성 성격장애가 없는 경우보다 좀 더 높다고 하겠다.

(1) 우울증

자기애성 성격장애자가 가장 흔하게 경험하는 임상적 증상은 우울증이다. 특히 우울증의 경미한 형태인 기분부전 장애가 가장 흔하다. 기분부전 장애dysthymic disorder는 우울증의 하나로, 적어도 2년 동안 우울한 기분이 있는 날이 많고, 거의 하루 종일 우울함이 지속되는 것이 주 증상인 장애다. 전반적으로 어떤 일에 대해 흥미나 즐거움을 거의 느끼지 못하고, 사람들도 만나기 싫어하며, 죄책감을 느끼거나 지난 일에 대한 후회를 많이 한다는 특성이 있다. 또한 자기 자신이 지나치게 예민한 것 같다고 스스로 느끼고, 화도 잘 내며, 의욕도 없고, 일의 효율성도 저하되어 있다.

자기애적 성격인 사람이 이러한 기분부전 장애의 증상을 보이는 경우는, 무슨 일에선가 실패를 하고 다른 사람들 앞에서 굴욕감을 겪지 않을 수 없는 상황이 계속되었을 때다. 이럴 경우 그들은 자신이 스스로 생각했던 것만큼 '잘난 것이' 아니라는 사실을 직면하게 된다. 이렇게 자신만만하던 사람이 위와 같은 상황을 반복하거나 무마할 수 없으면 매우 우울한 기분에 빠지게 된다. 하지만 이런 우울한 기분은 자기애성 성격장애자가 가진 자기상, 즉 자신만만하고 확신에 찬 모습과는 맞지 않는 것이기 때문에 이들이 경험한 정신적 충격은 상황을 완전히 돌이킬 수 없는 것이 아닌 이상 그리 오래 지속되지는 않는다.

사실상, 자기애성 성격장애자는 대인관계나 직업장면에서 계속 문제를 일으킬 수밖에 없기 때문에 이들의 웅대한 자기상을 유지하기는 점점 더 어려워진다. 때문에 점점 더 실망이나 좌절을 겪을 가능성이 높아지고, 자신을 우러러보고 대단하다 해주는 사람이 없어지면서, 수치심, 패닉, 무력감, 우울감에 더더욱 취약해진다.

때로는 자신의 우울한 기분을 아주 드라마틱하게 표현하기도 한다. 때로는 변덕스럽고 안달하는 듯이, 때로는 모호하고 철학적이며 추상적으로 표현한다. 자기애성 성격장애자가 자신의 우울한 기분을 다른 사람들에게 표현하는 것은 의식적이든 무의식적이든 여러 가지 목적을 가지고 있다. 이들은 영리하게도 자신이 이렇게 우울하고 '가라앉은' 상태라는 것을, 지금 현재 '나답지 않게' 계속 실패하고 있는 데 대한 합리화의 근거로 삼는다. 즉, '내가 우울하지만 않으면 실패할 리가 없는데, 우울하고 의욕이 없는 상태이기 때문에 실패한 것이다'를 변명할 구실로 삼는다는 것이다. 또한 이들이 우울함을 표현할 때 함께 늘어놓는 불평은, 주변 사람들이 자신에게 합당한 대접을 하지 않았기 때문에 자신이 잘 못하고 있는 것이라는 교묘한 비난으로 점철되어 있는 경우가 많다. 그렇기 때문에 이들이 우울하다며 늘어놓는 불평은 자신의 분노를 분출하는 유용한 출구가 된다.

(2) 신체형 장애

자기애성 성격장애자는 다양한 형태의 신체형 장애를 호소할 수 있다. 신체형 장애somatoform disorder는 주로 심리적인 갈등이 신체적 증상으로 나타나는 장애로서 건강염려증, 신체화 장애, 전환장애, 통증장애 등이 있다. 어떤 일에 실패하여 모욕감, 당혹감, 수치심이 들 때 이를 도저히 받아들이지 못하고 무의식적으로 자신의 신체적 건강에 지나치게 집착함으로써 이러한 심리적 상처를 달래려고 시도하는 경우도 있다.

또한 설사, 두통, 일시적 실명 등의 여러 가지 심인성 신체 증상을 보임으로써 다양한 부차적인 이득을 얻게 된다. 가장 흔한 예가 신체적 증상을 자신의 실패나 단점에 대한 합리화의 근거로 사용하는 경우다. 즉, 자신이 아팠기 때문에 실패한 것이지, 능력의 부족이나 성격적 문제가 아니라고 부인하고 외면함으로써 심적 불편감을 완화할 수 있는 것이다. 또 때로는 분노나 원망을 직접 표출하기 어려운 상황에서 이를 간접적으로 표현하는 수단으로 신체 증상을 사용할 수도 있다. 예를 들어, 신체 증상을 보여 자신을 잘 돌봐주지 않는 가족을 질책하며 죄책감을 유발함으로써 가족에게 쌓인 분노를 해소하고, 자신을 특별대우해주고 보살펴줄 것을 요구하는 근거로 자신의 육체적 고통을 이용하는 것이다.

(3) 망상장애

자기애성 성격장애자는 감당하기 어려운 역경과 실패에 직면하게 되면 망상장애를 발달시킬 수 있다. 망상장애delusional disorder는 비현실적인 확고한 망상을 주된 증상으로 하는 정신증의 한 형태다. 자기애성 성격장애자는 평소에도 공상 속에 몰두하는 경향이 있으며, 외부 사건의 의미를 왜곡하여 비현실적인 생각에 집착하기 쉽다. 그런 경향성이 있는 가운데 치명적인 도전이나 좌절을 경험하게 되면 비현실적인 환상의 세계로 도피하여 망상적인 신념을 형성할 가능성이 높다. 이 경우 좌절로 인한 모욕감과 수치감을 보상할 수 있는 과대망상이나 질투망상을 나타낼 수도 있고, 너무 잘나고 대단한 자신을 타인이 못살게 굴고 음해하려 한다는 피해망상으로도 발전될 수 있다.

4) 자기애성 성격장애와 관련된 다른 성격장애

다른 성격장애의 특성에 대해 잘 알고 있는 독자라면, 자기애성 성격장애에 다른 성격장애와 겹치는 특성이 많음을 인지하였을 것이다. 자기애성 성격장애와 특히 관련이 높은 성격장애는 무엇보다 같은 B군집에 속하는 성격장애들이다. 그 외에도 A군의 편집성 성격장애와 C군에 속하는 강박성 성격장애와도 비슷한 특성을 공유한다.

(1) 자기애성 성격장애와 다른 성격장애의 공통점

다른 사람들이 자기에게 주목해주고 관심을 가져주지 않으면 기분이 상하는 것은 자기애성 성격장애뿐 아니라 연극성 성격장애의 특성이기도 하다. 또한 자기상이 비교적 과대평가되어 있고, 타인의 지지와 인정을 받고 싶어 하는 욕구가 과도하며, 다른 사람에게 비난을 받거나 거절을 당했을 때 쉽게 낙심하는 것도 자기애성 성격장애와 연극성 성격장애의 공통점이다.

타인의 비판에 대해 분노와 모욕감을 느끼는 것은 연극성 성격장애와 경계선 성격장애의 특징이기도 하다. 자기중심성 때문에 타인의 입장을 고려하지 못하는 것은 연극성 성격장애와 반사회성 성격장애에도 해당된다.

이기적인 생각과 행동, 오만한 태도와 행동은 자기애성 성격장애와 반사회성 성격장애 모두가 보이는 특징이다. 또한 쉽게 모욕감을 느껴서 분노를 경험하고 이에 반격하는 것은 경계선 성격장애와 반사회성 성격장애에도 해당되는 특징이다. 자존감이 위협받을 때 감정이 폭발하는 것은 자기애성 성격장애뿐 아니라 B군에 속하는 다른 성격장애들, 즉 연극성·경계선·반사회성 성격장애 모두가 보이는 특징이다.

A군의 편집성 성격장애와는 과도하게 다른 사람을 탓하고 의심하는 경향성 그리고 다른 사람들로부터 고립된다는 점을 공통적인 특성으로 한다. 또한 무엇이든 완벽하고 완전무결하고자 하는 특성은 C군의 강박성 성격장애와 공통된 점이다.

(2) 자기애성 성격장애와 다른 성격장애의 차이점

반사회성 성격장애를 제외하고는 B군의 세 성격장애 모두가 타인이 자신에게 많은 관심을 보여주기를 요구하지만, 자기애성 성격장애는 특히 관심이나 찬사를 아예 드러내놓고 기대하고 요구하는 것이 더 두드러진다.

연극성 성격장애와 자기애성 성격장애를 구별하는 데 있어 가장 뚜렷한 특징은, 자기애성 성격장애는 자신의 업적에 대한 과시와 인정욕구가 지나치지만, 연극성 성격장애는 그보다는 자신을 여자 혹은 남자로 어필하려는 욕구가 더 강하다는 점이다.

경계선 성격장애는 자기self 자체가 불안정하다는 점이 큰 특징인 반면, 자기애성 성격장애는 과도하게 고양되긴 하지만 자기상이 비교적 구체적으로 형성되어 있다. 자기애성 성격장애는 또한 경계선 성격장애보다 자기파괴적인 면이 덜하고, 충동성이나 타인에게 버림받지 않을까 하는 두려움도 외견상으로는 비교적 적은 편이다.

반사회성 성격장애와 자기애성 성격장애는 냉정하고 말을 잘하며, 관계가 피상적이고 착취적이며, 타인에 대한 공감능력이 없다는 점에서 유사하다. 하지만 반사회성 성격장애의 경우에는 충동성, 공격성, 사기성 등이 두드러지며, 칭찬을 과도하게 바라고 요구한다거나 남을 시기하거나 질투하는 행동은 별로 나타나지 않는다. 반사회성 성격장애는 어렸을 때 물건을 훔치는 등의 품행장애conduct disorder 증상을 보였던 경우가 많은 반면, 자기애성 성격장애는 그런 경우가 덜하다.

한편, 강박성 성격장애와 자기애성 성격장애 모두 때로 완벽주의적이고 다른 사람들은 일을 자기만큼 잘하지 못한다고 생각하지만, 강박성 성격장애의 경우에는 '자신이 잘못한 것 같다'는 자책감과 불안감이 동반되는 데 반해서 자기애성 성격장애는 외부에서 좌절이 오지 않는 한 스스로를 정말 완벽하다고 믿어 의심치 않는다.

또한 자기애성 성격장애가 편집성 성격장애처럼 의심을 많이 하는 경우는 주로 자신이 완벽하지 못하거나 결점이 드러나면 어쩌나 하는 두려움이 있는 경우 혹은 사람들로부터 소외당하는 경우이며, 편집성 성격장애처럼 항상 타인을 의심하는 것은 아니다. ◈

2

자기애성 성격장애는 왜 생기는가

1. 정신역동적 이론
2. 인지행동적 이론
3. 생물사회적 학습 이론과 진화 이론
4. 사회문화적 요인

이번 장에서는 자기애성 성격장애의 원인에 대한 여러 이론을 소개한다. 자기애라는 개념을 처음 도입하고 가장 많은 이론적 · 개념적 논의를 해온 정신역동적 이론, 좀 더 최근에 발전된 인지행동적 이론 그리고 성격장애 연구의 대가인 밀론이 제시한 생물사회적 학습 이론을 차례로 살펴보겠다.

1. 정신역동적 이론

정신역동적 이론psychodynamic theory은 인간의 정신세계에서 일어나는 무의식적인 세력 간의 역동과 갈등에 초점을 맞추어 성격과 정신장애를 설명하려는 이론이다. 정신역동 이론은 본래 프로이트의 정신분석 이론psychoanalytic theory에서 출발하였으며, 프로이트의 주장에 따르는 정통적 정신분석학자들뿐만 아니라 프로이트의 주장을 수정·개편·확장한 신프로이트 학파, 대상관계 이론가나 대인관계 심리학파의 주장을 모두 포함한다.

일반적으로 정신역동 이론은 성격과 정신장애를 설명함에 있어서 개인이 의식하지 못하는 무의식적인 심리적 내용과 과정을 중요시한다. 또한 무의식적 역동을 파악하기 위해서는 개인의 발달 과정, 특히 어린 시절의 경험을 잘 이해하는 것이 중요하다고 주장한다. 어린 시절에 부모와 상호작용하는 과정에서 겪은 체험들이 무의식 속에 잠재되어 성인이 된 후에 나타내는 행동과 성격에 강력한 영향을 미친다고 본 것이다. 따라서 정신역동 이론은 어린 시절에 경험한 갈등이나 결핍이 현재 행동에 영향을 미치는 무의식적 과정에 초점을 두어 정신장애를 설명하고 있다. 일반적인 발달 단계를 구분하는 방법이나, 특정한 정신장애와 관련된 발달 단계와 갈등 및 결핍의 내용에 대해서는 학자마다 견해가 다양하다.

정신역동 이론의 구체적인 내용은 이상심리학 시리즈의 『이상심리학 총론』(개정판, 권석만, 2016)에서 상세히 소개하고 있으므로 여기에서는 주로 자기애성 성격장애에 대한 정신역동적 이론들만을 소개하고자 한다. 자기애성 성격장애는 프로이트가 '자기애'에 대해서 언급한 이후로 여러 학자가 관심을 가지고 연구해왔다. 정신역동 이론의 출발점인 프로이트와, 현재 자기애에 관하여 가장 영향력이 있는 코헛과 컨버그의 이론을 중심으로 살펴보도록 한다.

1) 프로이트의 견해

자기애에 관해 최초로 구체적인 심리학적 설명을 제시한 사람은 바로 프로이트Sigmund Freud다. 프로이트는 1914년에 『자기애에 대하여On narcissism』를 출간하면서 자기애에 관한 이론적 설명을 제시하였다. 프로이트에 따르면, 자기애란 '심리적 에너지가 자신에게로 향해 자신의 신체를 성적인 대상으로 취급하는 태도'라고 할 수 있다. 이러한 자기애 성향은 어린 시절에 나타나는 정상적인 속성이며, 성장하면서 다양한 형태로 변화하는데, 이러한 과정에서 성숙한 형태로 발전하지 못하면 병적인 자기애가 나타나게 된다고 한다.

프로이트는 누구나 어린 시절에 자기애 상태를 경험하게 된다고 하였다. 이 세상에 갓 태어난 어린아이는 자기 자신과 외부 세계를 명료하게 구분하지 못하는 상태에서 자신의 육체에 주어지는 감각을 중심으로 체험을 형성해가므로 타인의 입장이라는 것을 생각하지 못한다. 자신의 육체를 세상의 중심으로 여기게 되어 본능적 욕구를 충족하기 위해서 배가 고프거나 배변을 하여 기저귀가 축축해지면 울어댄다. 이들은 이때마다 부모가 배고픔을 채워주고 기저귀를 갈아주는 경험을 하게 되면서 이 세상이 자신을 위해서 움직이고 있다는 느낌을 갖게 된다. 또한 부모가 자신에게 깊은 관심과 애정을 베풀고 자신의 모습과 행동에 즐거워하는 모습을 지각하면서, 자신이 매우 소중하고 대단한 존재라는 느낌을 형성하게 된다. 이러한 상태는 유아가 경험하는 정상적인 상태로서, 유아적 자기애infantile narcissism 또는 일차적 자기애primary narcissism라고 부른다.

그러나 아동이 자신과 외부 세계를 점차 분명하게 구분하게 되고, 특히 부모의 존재에 대한 인식이 발전하면서부터는 심리적 에너지가 자기 자신이 아닌 부모에게로 향하게 된다. 프로이트의 용어로 설명하면, 이러한 현상은 심리적 에너지가 타자, 즉 부모에게 투여되는 대상애object-love가 나타나는 것이라고 할 수 있다.

이렇게 부모를 사랑하면서, 또 부모나 타인으로부터 사랑과 애정을 받는 상호작용을 경험하면서 자신의 존재 가치와 소중함을 느끼게 되고, 그 결과 생애 초기의 원시적인 일차적 자기애와는 다른 이차적 자기애secondary narcissism가 발전하게 된다. 이처럼 정상적인 발달 단계에서는 다른 사람에게 심리적 에너지를 투여하여 따뜻한 관심과 사랑을 베풀고 그들로부터 전달되어오는 애정에 근거하여 자신의 가치를 느끼는 상호 교호적인 성숙한 형태의 자기애를 발전시키게 된다.

프로이트에 의하면, 자기애적 성향이 강한 사람들은 성인이 되어서도 사랑의 대상이 계속 자기에게만 머물러 정상적으로 성숙하지 못한 사람들이라고 한다. 즉, 어떤 이유에서든 유아기적 자기애 이후의 단계로 더 이상 발전해나가지 못하고 그 단계에 고착되어버린 결과 자기애성 성격장애가 생긴다는 것이다.

그렇다면 자기애성 성격장애자는 왜 이 단계에 고착되었을까? 프로이트는 이러한 의문에 대해서는 직접적인 논의를 제시하고 있지 않다. 자기애성 성격장애자가 어린 시절의 발달 과정에서 겪게 되는 심리적 역동 '과정'을 좀 더 자세하게 설명하고 있는 대표적인 학자가 바로 코헛과 컨버그다.

2) 코헛의 견해

코헛Heinz Kohut은 정신역동적 관점에서 자기self의 발달 과정과 성격장애의 관계를 정립한 소위 '자기심리학self psychology'을 주장한 학자로, 특히 자기애에 관한 독창적인 이론을 전개하고 있다(Kohut, 1977).

코헛에 따르면, 어린아이는 정상적인 발달 과정으로 어린 시절에 부모와의 상호작용 속에서 '웅대한 자기grandiose self'를 형성하게 된다. 즉, 아이는 '내가 울기만 하면 먹을 것도 주고 기저귀도 갈아주는 걸 보면, 나는 굉장히 중요한 존재이고 세상은 나를 중심으로 돌아가는 것 같다'는 생각을 하게 된다. 아울러 '이렇게 나에게 모든 것을 다 해줄 수 있는 나의 부모는 정말 전지전능하고 대단한 존재다'라는 생각을 형성하게 된다. 물론 어린아이는 개념적 분화 능력이 발달하지 않은 상태이기 때문에, 이러한 자기상과 부모상은 모호한 형태로 체험되며, 자기상과 전지전능한 부모상을 동일시하게 되고, 결과적으로 '웅대한 자기'를 형성하고 자기애적 성향을 키워나가게 되는 것이다. 이러한 유아적 자기애의 상태는 누구나 경험하게 되는 정상적인 발달 과정인 동시에, 성숙한 인간으로 성장하기 위해 극복해야 할 심리적 상태이기도 하다.

유아적 자기애를 지닌 어린아이는 대부분 성장 과정에서 자기상과 부모상에 대한 좌절을 경험하게 된다. 예컨대, 늘 울기만 하면 금방금방 기저귀를 갈아주던 엄마가 한참을 울어도 나타나지를 않는다. 늘 따뜻하게 대해주던 엄마가 자기를 귀찮아하는 것처럼 느껴지기도 한다. 이처럼 시간이 가면서 아이는 엄마가 때로는 자신의 욕구를 만족시켜주지도 못하고 단점을 보이는 등 전지전능한 존재가 아니라는 것을 체험하게 된다. 또한 부모는 당연히 아이의 자기중심적 행동에 대해서 교육적 목적으로 제동을 걸게 된다. 예를 들어, 사람이 많은 음식점에서 마구 뛰어다니면서 시끄럽게 떠드는 아이에게 부모는 다른 사람을 배려해서 행동해야 됨을 설명하고 잘못된 행동을 제지시킨다.

이러한 체험들 속에서 어린아이는 '세상은 나를 중심으로 돌아가지도 않으며 나는 그렇게 대단한 존재가 아니다'라는 좌절감을 경험하게 된다. 그리고 '나의 부모도 한계와 단점을 지니고 있으며 전지전능한 존재가 아니다'라는 실망도 하게 된다. 이에 따른 아이의 좌절의 강도나 빈도는 차이가 있을 수 있다. 사소한 좌절은 큰 충격이 되지 않을 수도 있지만 때로는 강한 충격으로 다가와 심리적 상처가 될 수도 있다.

아이는 이러한 경험을 통해서 부모의 현실적인 한계를 조금씩 깨달아가고, 부모에 대한 동일시에서 벗어나 자신의 현실적인 한계를 점차 받아들이게 되는 것이다. 즉, 내가 세상의 중심이 아니며, 나와 마찬가지로 다른 사람도 똑같이 중요한 존재일 뿐만 아니라, 내가 원하는 바가 항상 먼저 받아들여질 수는 없다는 것을 깨달아가게 된다. 이렇게 적절한 수준의 좌절을 경험해가면서 아이는 유아적 자기애 상태에서부터 점차 성숙하며 현실적이고 안정된 자기상을 형성해나가고, 다른 사람을 존중하고 사랑할 수 있는 성숙한 인간으로 성장하게 된다. 이렇게 자기애를 극복하는 것이 바로 정상적인 성격발달의 과정이라고 할 수 있다.

코헛은 아이가 자라면서 유아적 자기애를 현실적으로 교정할 수 있는 좌절 체험을 '적절하게' 경험하지 못할 경우에 자기애성 성격장애로 발달할 수 있다고 보았다. 즉, 자기애적 성격은 유아적 자기애의 좌절 경험이 결여된 경우와 좌절 경험이 지나치게 충격적인 경우에 생겨날 수 있다는 것이다.

좌절 경험이 결여된 경우, 예컨대 아이가 유아적 자기애 상태에서 제멋대로 행동하는 것에 대해 부모가 적절하게 제지하고 훈육하지 않으면, 아이는 성장하여 여전히 자기중심적인 행동을 하게 될 것이다. 즉, 유아적 웅대한 자기와 전지전능한 부모상을 현실적으로 교정할 적절한 기회를 갖지 못하고 오히려 강화된다면 '나는 대단하고 특별한 사람이며 나를 중심으로 세상이 돌아간다'는 생각이 확신으로 굳어지게 될 것이다. 또한 전지전능한 존재로 이상화하는 부모에 대해서도 적정 수준의 실망을 경험하지 못하게 되면, 이상적 부모상과 자신을 지속적으로 동일시하여 자신에 대한 과도한 이상화가 일어날 수 있다.

이와 반대로, 자기상과 부모상에 대한 좌절 경험이 지나치게 충격적인 경우에도 자기애적 성격으로 발전할 수 있다. 즉, 어린아이가 부모로부터 갑작스럽게 심한 실망과 좌절을 경험하게 되면, 아이는 이러한 경험을 수용하지 못하고 커다란 심리적 충격을 받게 된다. 예컨대, 갑자기 부모에게 심한 구박과 구타를 당하면 아이는 상황에 대한 이해가 불가능한 상태에서 심한 공포를 느끼게 된다. 실제로 자기애성 성격장애자 중에는 어린 시절에 시끄럽게 운다는 이유로 부모가 자신을 집어던지거나 뺨을 연거푸 때리는 등 충격적인 경험을 했다고 보고하는 사람도 있다. 이런 경험을 하게 되면, '이제까지는 내가 대단히 소중한 존재인 줄로만 알았는데, 나는 언제라도 당할 수 있는 너무나 나약한 존재다'라는 두려움에 휩싸이게 된다.

이러한 충격적인 좌절감으로부터 자신을 보호하기 위해 어린아이는 비참한 현실을 외면한 채 웅대한 자기에 더욱 집착하게 되는 것이다. 따라서 주변 사람들의 인정과 칭찬을 더욱 강렬하게 추구하고, 이러한 욕구를 만족시켜줄 수 있는 이상적인 대리인을 찾아 동일시하려고 노력한다. 이처럼 어린아이에게 받아들여지기 어려운 과도한 좌절 경험은 오히려 유아적 웅대한 자기를 방어적으로 경직시켜 자기애적 성격의 소유자로 발전시킬 수 있다.

3) 컨버그의 견해

컨버그Otto Kernberg는 정신역동 이론의 한 분파인 대상관계 이론가로서, 자기애에 관해서 정교한 이론을 제시하고 있다(Kernberg, 1975). 대상관계 이론object relation theory은 개인이 중요한 대상, 특히 부모에 대해서 어린 시절에 형성한 심리적 표상이 성장 후의 성격과 정신장애에 심대한 영향을 미친다는 기본적 가정에 근거하고 있다. 따라서 개인이 지니고 있는 자기표상과 타인에 대한 표상을 중요시하며, 이러한 표상이 어린 시절에 부모특히 엄마와의 상호작용을 통해 형성되는 과정에 초점을 맞추어 이론이 전개된다.

컨버그는 어린아이가 엄마또는 엄마 역할을 하는 사람로부터 지속적으로 이해와 공감을 받지 못하고 냉정하고 애정결핍적인 양육을 받게 되면 자기애적인 사람으로 성장하게 된다고 설명하였다. 물론 엄마가 성격적인 특성이나 상황적인 어려움 때문에 아이에게 따뜻한 태도를 보여주지 못할 수 있다. 그러나 이러한 상황에 대한 종합적 사고 능력이 부족한 어린아이는 엄마가 자신을 차갑게 대하면, '아, 나는 나쁜 사람인가 보다. 나는 사랑받을 만한 가치가 없는 사람인가 보다'라는 막연한 느낌을 갖게 된다.

또한 아이는 엄마로부터 애정을 받지 못하므로 애정에 대한 강한 갈증을 느끼게 되는 한편, 애정을 주지 않고 박대하는 엄마에게 분노를 느끼게 된다. 하지만 '내가 나쁜 사람이라서 이런 대접을 받는 것이다'라고 생각하며 엄마에게 분노를 표현하지 못하고 무의식 속에 억압하는 대신, 무의식적으로 자신의 분노를 엄마에게 투사하게 된다. 따라서 어린아이는 엄마가 자신을 미워하고 싫어하여 괴롭히려 한다는 느낌을 지니게 된다.

이러한 상황에서 어린아이는 엄마를 위협적으로 느끼지만 엄마의 보호와 양육이 절대적으로 필요하므로 엄마의 사랑을 얻기 위한 나름대로의 노력을 하게 된다. 어린아이가 할 수 있는 유일한 방법은 그나마 엄마가 좋은 점이라고 인정해주는 자신의 장점을 필사적으로 찾아내어 부풀려서 '나는 그래도 좋은 아이'라는 것을 엄마에게 보여주는 것이다.

한편, 자기애적 성격으로 발전할 가능성을 지닌 아이는 흔히 특별한 재능을 지니거나 가족 내에서 중요한 위치예: 외아들에 있는 경우가 많다. 따라서 이런 아이에게 엄마가 우연히 재능을 칭찬해주거나 특별한 대우를 해주면, 이를 매우 중시하고 크게 부풀려서 여러 상황에서 나타내려고 애를 쓰고, 엄마의 칭찬과 박대에 대해 예민하게 촉각을 곤두세운다.

불안한 감정을 무의식적으로 외면하기 위해서, 아이는 그래도 엄마가 칭찬해주는 자신의 긍정적인 면을 크게 부각시켜서 자신의 마음속에 간직하게 된다. 어린아이는 엄마가 좋아할 거라고 생각하는 자신의 이상적인 자기상을 만들어 이를 마음속에 지니며 자주 상상하기도 한다. 또 다른 한편으로, 아이는 엄마의 사랑을 강하게 열망하기 때문에 자신의 상상 속에서 이상적인 어머니상을 그리게 된다. 늘 일관성 있게 자신을 사랑해주고 따뜻하게 대해주는 어머니의 상을 마음속에 간직하게 되는 것이다.

이렇게 어린아이는 엄마가 칭찬해주는 자신의 모습, 이상적인 자신의 모습, 이상적인 엄마의 모습에 대한 상상을 자주 하며 즐기게 된다. 그러나 어린아이는 아직 자신의 사고 내용을 구체적으로 변별하고 종합하는 지적 능력이 발달되어 있지 않기 때문에, 이러한 3가지 표상에 대한 분명한 구분이 이루어지지 않은 채 서로 융합하여 자기상을 형성하게 된다. 즉, 어린아이는 크게 부풀린 자신의 긍정적인 측면과 엄마로부터 사랑을 받게 될 이상적인 자기상을 혼합하여 실제의 자기보다 현저하게 과장된 자기상을 지니게 된다.

나아가 자신을 칭찬해주고 특별한 대우를 해주며 헌신적인 사랑을 베풀어주는 이상적인 어머니상이 과장된 자기상과 혼합되어, 자신은 이러한 사랑을 받는 대단하고 특별한 존재라는 생각을 하게 된다. 이러한 병리적인 융합 과정을 거쳐 웅대한 자기상grandiose self-image을 형성하게 되는 것이다.

자기상self-image은 '나는 어떠어떠한 사람이다'라는 생각들의 집합체로, 평소에 늘 의식하는 것은 아니지만 사람의 마음 깊은 곳에 내재해 있으면서 순간순간의 감정, 생각 그리고 행동에 영향을 미치는 매우 중요한 심리적 요인이다. 따라서 자기애적 성격을 지닌 사람들은 어린 시절 어머니와의 상호작용 속에서 형성한 이상적 자기상과 어머니상이 혼합된 웅대한 자기상을 지니게 되므로 자신에 대한 과장된 생각을 갖게 된다고 컨버그는 주장한다.

개인이 정신적으로 건강한 삶을 살아가는 데에 가장 기본적인 심리적 요건은 '나는 어떠어떠한 사람이다'라는 안정적인 자기상을 형성하는 동시에, '나는 사랑과 인정을 받을 만한 가치로운 사람이다'라는 자존감을 지니는 것이다. 이러한 자기상과 자존감이 형성되는 어린 시절에 부모로부터 적절한 양육과 애정을 받지 못하게 되면, 어린아이는 자존감을 유지하고 보호하기 위해 여러 가지 노력을 하게 된다. '나는 대단한 사람이야'라는 생각에 과도하게 집착하고, 자존감의 유지를 위해 과민하고 방어적인 행동양식을 나타내게 되어 자기애적 성격으로 발전하게 된다는 것이 정신역동적 이론의 기본적 주장이라고 볼 수 있다. 그러나 학자마다 자기애성 성격장애자가 어린 시절에 '어떤 방식'으로 자기상과 자존감에 손상을 받았으며, 이를 회복하기 위해 구체적으로 '어떤 심리적 과정'이 일어나는지에 대해서는 조금씩 달리 설명하고 있는 것이다. ◆

2. 인지행동적 이론

인지행동 이론은 기본적으로 인지 활동cognitive activity이 감정과 행동을 결정한다는 가정에 기초하고 있다. 즉, 개인이 어떤 사고방식과 신념을 지니고 있느냐에 따라 그 사람의 행동과 정서 패턴이 달라진다는 것이다. 따라서 성격장애를 이해하기 위해서는 그러한 성격특성을 유발하는 인지적 특성을 밝히는 것이 중요하다고 보았다.

1) 성격장애와 인지도식

성격장애에 대한 인지행동적 이론은 인지도식schema에 초점을 두어 설명한다(Beck & Freeman, 1990). 인지도식은 한 개인이 주변 자극을 선택적으로 받아들이고, 자극의 의미를 해석하며, 자신의 경험을 나름대로 체제화하는 인지적인 틀을 의미한다. 예를 들어, 똑같이 반쯤 남은 일을 두고, 어떤 사람은 '반이나 남았네'라며 한숨을 쉬지만, 어떤 사람은 '반밖에 안 남았다' 하며 기운차게 일을 계속하기도 한다. 인지도식은 이러한 모든 일이 우리 마음속의 인지도식에 의해 결정된다고 보는 것이다.

우리는 어떤 자극의 의미를 해석할 때, 백지 상태에서 정보를 수집하는 것이 아니라 과거 경험에 의한 기억 내용에 영향을 받게 된다. 과거 기억은 마구잡이로 저장되어 있는 것이 아니라 나름대로 체계적인 구조를 지니고 있는데, 바로 이것이 인지도식이다. 이러한 인지도식은 어떤 상황에 대한 특정한 기대를 형성할 뿐만 아니라, 그 상황의 '어떤 측면'에 주의를 기울여 정보를 수집할 것인지를 유도하며, 이러한 정보를 '어떻게 해석'할 것인지의 방향을 결정하게 한다. 이렇게 동일한 생활사건에 대해서 해석이 달라지는 이유는 바로 인지도식이 사람마다 다르기 때문이다.

• 인지도식에 따라 상황을 해석하는 과정

이러한 인지도식의 기저에는 그 사람이 마음 깊은 곳에 가지고 있는 뿌리 깊은 한 가지 신념이 있다고 본다. 그것을 '핵심 신념'이라고 부르는데, 이 핵심 신념과 일관되는 여러 구체적인 내용들이 인지도식을 채우고 있다. 예를 들어, 핵심 신념이 '나는 가치 있는 존재다'라면, 인지도식에서는 '나는 사람들에게 호감을 준다' '나는 음악을 감상하는 면에서 유능하다' 등의 내용들이 죽 담겨 있게 되는 것이다.

우리가 매일매일 구체적인 상황에 처할 때마다 순간적으로 그 상황에 관한 생각이 떠오르는데, 이 생각은 바로 그 상황에 대한 '해석'이 되며, 이 해석은 우리가 가진 인지도식의 내용과 잘 들어맞는 방식으로 이루어지게 된다. 예를 들어, 어떤 사람이 나의 부탁을 거절하는 상황에 처했을 때 '나는 타인에게 호감을 주는 사람'이므로, '저 사람이 거절한 것도 내가 싫어서가 아니라 무슨 사연이 있어서일 것이다'라고 해석하는 것이다. 그렇기 때문에 인지도식은 우리가 부딪치는 상황이 우리에게 어떤 의미를 갖게 되는가를 결정짓는 중요한 역할을 하게 된다.

한편, 그러한 '해석'을 하는 데는 인지도식의 내용뿐 아니라 그 사람이 가진 독특한 사고 스타일이 영향을 미치게 된다. 이것이 다소 부적응적인 성질일 경우 이를 '인지적 오류'라고 부른다. 예를 들어, 흑 아니면 백이라고 과도하게 단순화시켜 생각하는 스타일이라든가, 조그만 실수라도 굉장히 큰일이 벌어진 것처럼 과대하게 생각하는 스타일 등을 들 수 있다.

이러한 해석들이 반복되면서 인지도식은 검증에 검증을 거듭하게 되고 더욱 공고해지게 된다. 인지도식이 그 사람에게

주는 영향력이 더욱 커지게 되면 상황에 대한 해석은 더욱 그 인지도식과 맞는 방향으로 이루어지게 될 것이다. 이러한 과정들은 우리가 일상을 살아가면서 하루 종일 반복된다. 인지도식은 한편으로 상황에 대한 해석을 쉽고 간편하게 함으로써 우리가 두뇌의 용량을 경제적으로 사용할 수 있게 해주는 매우 적응적인 기능을 한다. 우리가 어떤 사람을 만날 때마다 해석을 처음부터 늘 다시 시작해야 한다면 그것은 너무나 힘들고 피곤한 일일 것이다. 그러나 그 사람에 대한 어떤 인지도식

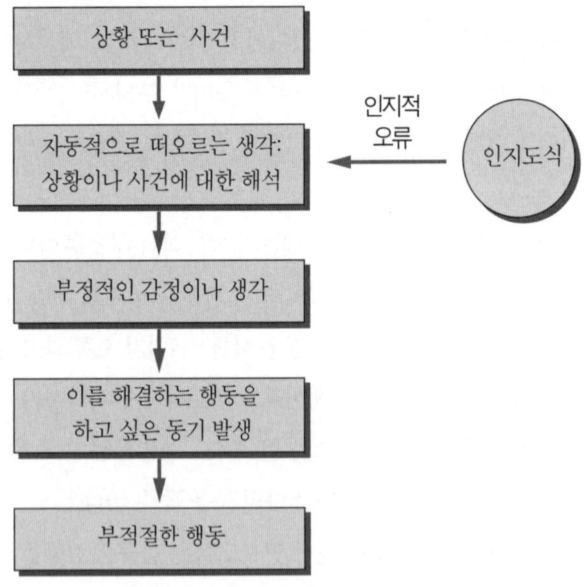

〈인지도식에 따라 상황을 해석하는 과정〉

이 있다면 자동적으로 이를 떠올리게 된다. 우리가 하루 종일 만나는 사람과 부딪치는 상황의 수를 생각한다면 인지도식의 적응적 효용성은 더욱 자명하다.

그러나 그 내용이 부적응적인 것으로 채워진다면 상황에 대한 해석이 '왜곡되어' 이루어질 것이다. 흔히 '색안경 끼고 본다'는 말처럼, 우리가 '왜곡된 인지도식'이라는 안경을 끼고 상황을 바라보게 되면 그 인지도식의 색깔대로 왜곡시켜 보게 된다. 인지도식이 강력하면 강력할수록 우리의 해석은 더욱 융통성 없고 경직되게 이루어지며, 이 잘못된 해석을 고치기도 더욱 어려워진다. 잘못된 인지도식은 왜곡된 해석이 반복됨으로써 더욱 강화되고, 강화된 인지도식은 해석을 더욱 왜곡하는 악순환을 거듭하게 된다. 이러한 악순환의 개념은 인지행동 이론에서 인지도식 개념과 함께 자기애성 성격장애를 이해하는 데 가장 핵심적인 것이다.

2) 자기애성 성격장애자의 인지도식

인지행동 이론에서는 앞에서 말한 바와 같이 자기애성 성격장애가 '자기애성 성격장애적'으로 잘못된 인지도식 때문에 생긴다고 본다. 그리고 이러한 인지도식으로 인해 더욱 '자기애성 성격장애적'인 해석을 하여 인지도식이 강화되는 악순환 때문에 자기애성 성격장애는 더욱 그 정도가 심해지고 고착된다고 설명한다. 먼저, 자기애성 성격장애자의 '자기애성 성격장애적' 인 인지도식이란 과연 어떤 것인지 살펴보고, 그다음 절에서 '자기애성 성격장애적' 인 상황 해석과 그것이 인지도식을 강화해가는 과정을 살펴보기로 한다.

인지행동 이론에서는 자기애성 성격장애자가 되는 이유를 자기애성 성격적인 인지도식이 그들 마음속에 형성되어 있기 때문이라고 설명한다. 그러나 이러한 인지도식이 어떻게, 왜 형성되었는지 그 과정보다는 소위 자기애성 성격적인 인지도식이 어떤 것인지를 규명하는 데 더 초점을 둔다. 그렇다면 자기애성 성격장애자의 인지도식은 어떤 내용들로 이루어져 있을까?

인지행동 이론가인 아론 벡Aaron Beck은 자기애성 성격장애자의 인지도식을 다음과 같이 정리하고 있다.

- 나는 매우 특별한 사람이다.
- 나는 너무나 우월하기 때문에 특별한 대우를 받고 특권을 누릴 자격이 있다.
- 나는 다른 사람들에게 적용되는 규칙을 따를 필요가 없다.
- 인정, 칭찬, 존경을 받는 것은 매우 중요한 일이다.
- 다른 사람들이 내 위치를 존중하지 않으면, 그 사람들은

벌을 받아야 한다.

- 다른 사람들은 나의 욕구를 충족시켜주어야 한다.
- 다른 사람들은 내가 얼마나 특별한지를 인정해야 한다.
- 내가 마땅한 존경을 받지 못하거나 내가 누릴 자격을 얻지 못한다는 것은 참을 수 없는 일이다.
- 다른 사람들은 그들이 가진 부나 명예를 가질 자격이 없다.
- 사람들은 나를 비판할 권리가 없다.
- 어느 누구의 욕구도 내 것을 침해할 수 없다.
- 나는 너무나 재능이 많기 때문에 사람들이 나를 능가하려면 비상한 노력을 해야만 할 것이다.
- 나 정도로 훌륭한 사람만이 나를 이해할 수 있다.
- 내가 굉장하고 훌륭한 것을 기대하는 것은 당연하다.

여기서 오해하지 않아야 할 것은, 위에서 열거한 생각들을 자기애성 성격장애자가 늘 하고 산다는 뜻은 아니라는 점이다. 이러한 신념은 마음 깊은 곳에 자리 잡고 있으면서 순간순간 떠오르는 생각에 영향을 미치는 역할을 하는 것이다.

이러한 인지도식의 내용을 자기 자신, 미래 그리고 세상에 대한 핵심 신념으로 정리하면, 자기애성 성격장애자는 자기 자신에 대해서 자신은 특별하며 예외적인 대단한 존재라는 확고한 신념을 지닌다. 또한 미래에 대해서 자신은 대단한 업적과 성공을 거둘 것이라는 웅대한 기대를 한다. 아울러 세상에 대해서, 타인은 자신에게 칭찬과 찬양을 보낼 것이며 자신을 위해 봉사와 헌신을 할 것이라고 생각하는 것이다.

여기서 문제는 자기애성 성격장애자가 지니는 신념이 대부분 비현실적으로 왜곡된 것이라는 점이다. 이들이 당연한 것으로 믿고 있는 신념들과는 달리 많은 주변 사람은 그렇게 생각하지 않는다. 또한 이들의 신념은 매우 융통성이 없고 경직되어 있어서 좀처럼 바뀌지 않으며, 상황과 대상을 고려하지 않고 드러나게 된다. 보통 사람들도 때로는 자기중심적이고 다른 사람보다 우월해야 한다는 생각을 지니지만, 가능하면 다른 사람에게 거부감을 주지 않도록 배려하면서 유연하게 행동하는 것이 일반적이다. 그러나 자기애적 성격을 지닌 사람은 이러한 유연성이 부족하여 타인의 입장을 배려하지 못하고 자기중심적인 생각을 직선적으로 표현하며 경직되게 행동함으로써 주변 사람들에게 오히려 미움을 사고 갈등을 초래한다. 이런 점에서 자기애성 성격장애를 지닌 사람의 인지도식 및 신념을 부적응적인 것이라고 할 수 있는 것이다.

(1) 인지적 오류

그렇다면 자기애성 성격장애자가 자주 범하는 인지적 오류는 무엇인가? 자기애성 성격장애자는 주로 타인의 언행을 자신과 관련되는 것으로 지나치게 해석하는 개인화personalizing의 오류, 사소한 말이나 작은 단서도 자기 자신을 '공격'하는 것으로, 특히 자신의 '행동'이 아닌 '자기 자신 전체'를 공격하고 비난하는 것으로 극단적으로 해석해버리는 파국적 해석catastrophizing의 오류, 누군가가 자신을 한 번 비난하면 '나의 적', 한 번 잘해주면 '나의 편'으로 생각하는 등의 이분법적 사고의 오류를 자주 범한다. 인지적 오류에 대한 자세한 논의는 이 책의 범위를 넘는 일이므로 다른 인지행동 이론 관련 서적을 참고하기 바란다.

(2) 인지도식의 신념과 자기애성 성격장애 행동 유발

이러한 인지도식의 신념들이 어떻게 '자기애성 성격장애적'인 행동을 유발하는가?

위와 같은 내용의 신념들로 이루어진 인지적 도식은, 자기애성 성격장애자가 어떤 상황에 부딪쳤을 때 이를 자기애성 성격장애적인 방식으로 왜곡하여 해석하고, 자기애성 성격장애적인 방식으로 행동해야겠다는 동기를 심어주는 역할을 하게 된다. 이 과정에 인지적 오류가 개입하게 되는 것이다.

예를 들어, 어떤 사람이 긍정적인 의도에서 충고를 하더라도 이들은 이 충고를 '나를 비난하는 것' 혹은 '나 자신을 바꾸라는 명령'으로 과도하게 자신과 관련지어 해석하고, 또

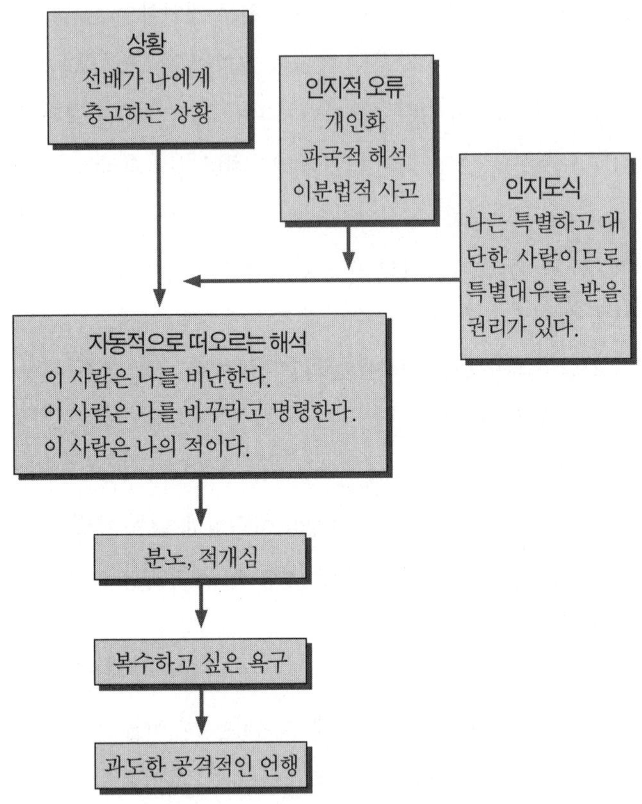

〈인지도식의 신념과 자기애성 성격장애 행동 유발〉

'이 사람은 나의 적이구나'라며 극단적이고 이분법적으로 해석한다. 그러면 이들은 쉽게 분노와 적대감을 느끼게 되고, 이런 감정을 해소하기 위해 분풀이하며 복수하고 싶은 욕구가 생기게 된다. 그러면 이를 참지 못하고 상대방에게 공격적인 말을 퍼붓는 등의 행동을 함으로써 상대를 당황시키거나 화가 나게 만드는 것이다.

3) 자기애성 성격장애자의 인지도식 형성 과정

앞에서 살펴보았듯이 자기애성 성격장애자는 자신과 세상에 대해서 자기중심적이고 자기도취적인 신념을 지니고 있으나 내면에는 불안정하고 부정적인 자기개념을 지니고 있는 것으로 보인다. 그렇다면 이러한 인지적 특성은 어떤 경험과 어떤 과정을 통해서 형성된 것인가? 인지 이론은 개인이 부적응적 행동을 나타내게 되는 현재의 인지적 요인에 초점을 맞추고 있지만, 이러한 인지적 요인의 발달과 형성 과정에 대해서도 설명을 시도한다.

자기애성 성격장애자의 독특한 인지적 특성이 형성되는 가장 중요한 요인은 어린 시절의 성장 과정에서 경험하게 되는 부모와의 관계다. 이런 가정은 정신역동적 이론과 유사하지만 설명방식이 다르다. 부모와의 관계 속에서 자기애적 인지도식이 형성되는 데는 크게 2가지 과정이 있다고 본다.

첫째는, 부모가 이들을 어린 시절부터 특별한 존재로 지나치게 떠받들어주는 경우다. 가족 구조상 특별하게 귀여움을 받을 수 있는 위치예: 외아들, 외딸, 장남, 장녀 등에 있거나 어려서부터 특별한 미모와 재능을 보이는 자녀에게 부모는 각별한 애정을 기울이게 되고, '네가 최고다' '너는 우리 집안의 중심이다' '참 잘한다' '너무 예쁘다'라는 지속적인 칭찬과 찬사를 보내게 된다. 인지도식은 자신의 체험을 내면화한 것이기 때문에 이러한 지속적 체험이 그 내용을 구성하여, '나는 중요하고 대단히 특별한 존재다'라는 생각이 어려서부터 뿌리 깊이 자리 잡게 된다.

이러한 아이는 또한 응석을 부리고 말썽을 피우며 무리한 요구를 해도 부모가 무조건 수용하여 선뜻 응해주고, 특별한 재능이나 미모를 지닌 아이는 교사나 친구들에 의해서도 각별한 관심을 받으며 사소한 잘못이나 실수는 용인되는 경우가 많다. 따라서 이들은 '다른 사람들은 당연히 나의 뜻에 따라주어야 한다' '다른 사람들은 당연히 나에게 찬사를 보내야 한다'는 생각에 매몰된다. 이렇게 부모를 위시한 주변 사람들로부터 특별한 관심과 칭찬을 지속적으로 받으면서 적절한 좌절을 경험하지 못한 사람들은 자기중심적이고 자기도취적인 인지도식을 형성하게 된다.

한편, 어린 시절부터 부모나 주변 사람들로부터 인정받지 못하고 거부나 따돌림을 당하게 되어 '나는 뭔가 부족한 왜소한 존재'라는 느낌을 지속적으로 경험한 경우에도 자기애적 성향이 발전할 수 있다. 예를 들어, 부모가 아이를 별 이유 없이 때리거나 학대하는 것, 부모가 다른 형제자매와 비교하여 '너는 왜 그 모양이니' '왜 이렇게 못하니'라고 자꾸 무시하는 것, 사회적으로 특권을 누리는 사람들로부터 부당한 차별과 무시를 당하는 것, 이민을 가거나 해서 인종차별을 당하는 것과 같은 경험들이 자기애적 성향을 발전시킬 수 있다.

이러한 경험을 하게 되면 일차적으로 '나는 부족하고 못난 존재'라는 생각과 열등감을 지니는 한편, '내가 이런 대접을 받는 것은 부당하다'는 생각과 분노감을 낳게 한다. 아울러 '특권을 지니는 사람'에 대한 시기와 동경으로 이어지는 동시에 '나도 더 나은 특별한 존재가 되어 그들에게 복수하겠다'는 생각에 강렬하게 집착하게 된다. 따라서 자신이 동경하는 대단한 특권을 지닌 사람을 자신의 이상적 인물로 추앙하거나, 자신도 그와 같이 대단한 사람이 되어 다른 사람의 찬양을 받는 모습에 대한 반복적인 상상과 공상을 하게 된다. 이러한 생각에 집착하게 되면 타인에게 인정을 받기 위해 자신의 부정적인 측면은 외면하고 긍정적인 측면은 과장하여 과시하게 된다. 이러한 과정을 통해 보통 사람 이상의 '웅대한 자기'에 대한 자기도취적 신념이 발전되고, 이를 실현시키기 위한 강렬한 집착은 자기중심적인 자기애적 행동 특성으로 나타나게 되는 것이다.

이러한 과정을 통해 자기애적 인지도식이 처음에 미약하고 거친 형태로나마 형성이 되면, 이러한 인지도식은 생활 경험을 해석하고 체제화하는 기초적 틀의 역할을 하게 된다. 즉, 인지도식의 내용과 비슷하거나 일치하는 경험에 선택적으로 주의와 관심을 주게 되고, 그렇지 않은 것은 외면하거나 무시해버린다. 따라서 자신에 대한 긍정적 정보는 커다란 의미를 부여하여 자기개념에 편입시키는 반면, 부정적 정보는 의미를 축소하거나 정당치 않은 것으로 무시해버린다. 또는 긍정적 성과에 대해서는 타인의 도움이나 노력보다는 자신의 능력 때문이라고 해석하고, 부정적 결과에 대해서는 열악한 상황이나 타인의 무능 때문이라고 일축해버린다. 이러한 인지적 과정이 계속해서 반복되면 자기애적 인지도식은 더욱 강화되고 확대되며, 현실과는 점점 더 괴리되는 것이다. ◆

3. 생물사회적 학습 이론과 진화 이론

성격장애에 대한 다양한 이론들을 망라하여 체계적이고 종합적인 설명을 시도하고 있는 심리학자가 바로 시어도어 밀론Theodore Millon이다. 밀론은 지난 30여 년 동안 성격장애만을 집중적으로 연구해온 성격장애의 권위자다. 그는 성격장애에 영향을 미치는 생물학적, 사회환경적 그리고 심리적 학습요인 등을 종합적으로 고려하는 생물사회적 학습 이론biosocial-learning theory을 제시하였다. 이에 더하여, 진화론적 입장에서 성격장애를 개인의 적응적 요소가 과장된 것으로 설명하려는 진화적 설명 모형evolutionary model을 제안한 바 있다(Millon, 1996).

1) 성격장애의 진화적 설명 모형

자기애성 성격장애에 대한 밀론의 설명을 이해하기 위해서는 먼저 성격장애 전반에 대한 그의 이론 체계를 살펴볼 필요가 있다. 밀론은 인간의 어떤 한 측면에 초점을 맞춘 이론으로는 성격장애를 설명할 수 없다고 보았다. 즉, 어린 시절 부모와의 관계에서 입은 상처와 이에서 비롯되는 무의식적인 충동을 강조하는 정신역동 이론, 인지도식과 신념체계의 잘못에 초점을 두는 인지행동 이론, 두뇌의 신경화학적 기능장애로 설명하려는 생물학적 이론으로는 성격장애를 충분히 이해할 수 없다고 주장한다.

대신 흥미롭게도 밀론은 성격장애를 기본적으로 진화 과정이 잘못 전개되어 나타나는 것이라고 보았다. 인간의 신체적 · 심리적 현상은 근본적으로 더 깊은 곳에 내재되어 작동하고 있는 진화 과정을 반영한다는 것이다. 즉, 성격장애자가 지니는 인지체계, 무의식적 구조, 대인관계 양식, 신경화학적 특성은 진화 과정에서 생겨난 병리적 적응 양상이 발현된 영역과 내용을 나타내는 것이지, 성격장애의 근본적인 원인이라고 볼 수 없다는 것이다.

밀론에 따르면, 개인의 성격은 개인과 환경의 상호작용에 의한 결과다. 진화론적 관점에서 볼 때, 개인의 성격구조는 생존, 생식, 적응이라는 3가지 중요한 진화적 기능과 관련되어 있다.

(1) 생존

생존existence은 유기체의 개체 보전을 위한 가장 기본적인 기능으로 개인의 쾌락-고통 차원과 관련된다. 이 차원은 개인이 나타내는 행동의 내면적 동기와 관련된 것이다. 쾌락pleasure은 생존에 도움이 되는 것을 얻고자 하는 행동의 동기이고, 고통pain은 생존에 위협이 되는 것을 피하고자 하는 행동의 동기를 뜻하는 것으로, 쾌락을 추구하는 행동은 개체의 향상을 위해 기능하고, 고통을 회피하는 행동은 개체의 보호를 위해 기능한다.

이처럼 생존과 관련된 내면적 동기인 쾌락추구-고통회피 성향은 개인마다 차이가 있는데, 이러한 차이가 개인의 성격적 특성을 결정하게 된다. 성격장애에서는 이러한 쾌락추구-고통회피 성향이 극단적인 형태로 나타난 것으로 볼 수 있다. 예컨대, 반사회성 성격장애는 쾌락추구 성향이 지나치게 강하고 고통회피 성향이 결여된 상태인 반면, 정신분열성 성격장애나 회피성 성격장애는 쾌락추구 성향이 과도하게 결여되어 있고 고통회피 성향이 지나치게 강한 경우라고 할 수 있다.

(2) 생식

생식replication의 기능은 개체가 자신의 유전자를 유포하기 위한 방식과 관련되어 있다. 이러한 생식 기능은 크게 자신을 미화하고 강화하여 이성 상대를 유인하는 자기지향적 방식과, 이성 상대에게 접근하여 구애행동을 하는 타인지향적 방식으로 나눌 수 있다. 이러한 방식은 개인이 쾌락추구와 고통회피를 위해 자기와 타인 중 어느 대상에 더 중점을 두어 행동하는가로 나타나게 된다.

자기지향적인 사람은 자신을 매력적이고 유능한 독립적인 존재로 성장시키기 위한 개인화individuation에 노력하는 반면, 타인지향적인 사람은 타인에게 많은 관심을 갖고 사랑과 애정의 교환을 중시하는 등 돌봄nurturance에 더 노력을 기울인다. 이에 따라 의존성 성격장애는 자기지향성이 부족하고 타인지향성이 과도한 경우인 반면, 그 반대인 경우는 자기애성 성격장애와 반사회성 성격장애에서 나타난다고 볼 수 있다.

(3) 적응

적응adaptation의 기능은 개인이 환경과의 상호작용에서 취하는 행동방식과 관련되어 있다. 적응 방식에는 개인이 자신의 속성과 소망에 알맞도록 환경을 변화시키는 능동적인 방식과 환경에 자신을 맞추어가는 수동적인 방식으로 크게 나누어볼 수 있다. 이는 개인이 쾌락추구와 고통회피를 위해 취하는 행동양식을 뜻한다. 능동적인 행동양식을 지닌 사람은 주변 상황을 바꾸거나 재배열하는 환경의 수정modification을 위해 노력하는 반면, 수동적인 행동양식을 지닌 사람은 주변 상황에 순응하여 자신을 맞추기 위해 환경에의 동화accommodation에 노력하게 된다. 반사회성 성격장애는 지나친 능동성이 나타나는 경우인 반면, 의존성 성격장애와 강박성 성격장애는 과도한 수동성이 나타나는 대표적인 경우다.

이상에서 간략히 살펴보았듯이, 밀론이 성격장애를 설명하기 위해 사용하는 용어인 생존, 생식, 적응 등은 진화론에 근거한 것임을 알 수 있다. 본래 쾌락추구-고통회피, 자기지향성-타인지향성, 능동성-수동성의 세 차원은 밀론이 생물사회적 학습 이론에서 제안한 것이며, 이 세 차원의 진화적 의미를 뒷받침하여 진화적 설명 모형으로 발전시켰다. 밀론에 따르면, 이러한 세 차원의 양 극단에서 나타나는 특성들이 균형과 조화를 이루며 살아가는 것이 정상적이고 바람직한 삶의 모습이다.

2) 자기애성 성격장애의 형성 과정

밀론은 자기애성 성격장애를 포함하여 다양한 성격장애를 쾌락추구-고통회피, 자기지향성-타인지향성, 능동성-수동성의 세 차원에서 극단적인 성향을 나타내는 것으로 설명하고 있다.

자기애성 성격장애자는 세 차원 중 쾌락추구-고통회피 차원에서는 특별한 편향성을 나타내지 않고 양쪽 성향 모두 보통 정도의 강도를 지니고 있다. 그러나 자기지향성-타인지향성 차원과 수동성-능동성 차원에서는 극단적인 편향을 보인다.

자기애성 성격장애자는 자기지향성-타인지향성 차원에서 과도한 자기지향성을 지니고 있는 반면에 타인지향성이 현저하게 결여되어 있다. 과도한 자기지향성으로 인해 자기 자신에 대한 관심과 애착이 비정상적으로 증대되어 있으며, 웅대한 자기상을 위시하여 성공과 출세에 대한 공상에 집착하게 된다. 반면, 타인지향성이 결여되어 있어 다른 사람의 입장이나 감정에 무관심하고 그들을 배려하지 못하는 자기중심적 행동이 나타나게 되는 것이다.

한편, 수동성-능동성 차원에서 자기애성 성격장애자는 과도한 수동성을 나타내는 반면에 능동성이 매우 결여되어 있다. 이들은 능동적으로 노력을 기울이지 않더라도 좋은 결과는 원래 자신의 몫으로 돌아오게 되어 있다는 특권의식을 지니고 있기 때문에 기본적으로 수동적 적응방식을 지닌 사람들이라는 것이다.

밀론은 이처럼 진화론적 관점에서 볼 때 중요한 세 차원에서의 극단적인 삶의 형태가 성격장애라고 본다. 그렇다면 어떻게 해서 이러한 극단적인 삶의 형태가 생겨나는 것인가? 특히 자기애성 성격장애는 어떻게 형성되고 발달되는 것인가? 밀론은 성격장애는 다양한 요인에 의해서 복합적으로 생성된다고 본다. 즉, 유전이나 신체생리적 특성과 같은 선천적이고 생물학적인 요인뿐만 아니라, 성장 과정에서 경험하게 되는 부모와의 독특한 관계 및 사회환경과의 상호작용 등과 같은 후천적이고 심리사회적인 요인들이 성격장애의 형성에 관여한다고 한다.

밀론은 자기애성 성격장애의 경우 유전적 요인이나 신체생리적 요인은 불분명하다고 보고, 심리사회적 요인에 초점을 맞추어 나름대로 설명을 시도하고 있으나, 기본적으로 정신역동 이론과 인지행동 이론을 종합하여 재구성한 것이라고 할 수 있다.

밀론에 따르면, 자기애적 성격은 기본적으로 어린 시절의 발달 과정에서 경험하게 되는 특정한 체험들에 의해서 형성된다. 그리고 이러한 자기애적 성격특성은 성장 과정에서 독특한 방식에 의해 더욱 고정되고 강화되어 자기애성 성격장애로 발전하게 된다. 밀론은 자기애성 성격장애를 발달시킨 특징적인 과거 경험 중의 하나로 부모가 아이를 너무 과대평가해주고 떠받들어주는 것을 들고 있다. 이러한 경험을 한 아이는 자신을 특별한 존재로 보게 되고, 다른 사람이 자신에게 복종하고 자기 마음대로 움직여줄 것을 기대하게 된다. 이들은 '내가 존재한다는 자체만으로도 다른 사람에게 즐거움을 주며, 내가 하는 모든 행동이 칭찬을 받는다'는 사실을 인식하기 시작한다. 이러한 상황에서는 불행하게도 다른 사람의 소망과 관심을 함께 느끼고 다른 이들과 협동하는 법을 배울 기회를 갖지 못한다.

아이가 어떤 잘못을 하든지 눈감아주고 과잉보호하는 부모에게서 자란 아이들은 다른 사람들도 마치 부모처럼 자기를 대접해줄 것으로 기대한다. 자기가 기대한 대로 부모가 바로 반응해주지 않을 때 이들은 당장 나에게 적당한 대접을 하라는 '건방진' 혹은 조작적인 요구를 하게 되고, 부모는 이에 즉각 반응하여 또 칭찬과 '대접'을 하였을 것이다. 이러한 패턴은 다른 사람과의 관계에서도 그대로 일반화된다.

이렇게 자란 아이들은 다른 사람을 이용하는 것을 당연하게 생각할 뿐 아니라, 다른 사람을 약하고 순종적인 존재로 생각해버린다. 이는 자기애성 성격장애자가 자기가 특별하다고 생각하는 관점을 강하게 확신시켜줄 뿐 아니라, 다른 사람을 아무런 죄책감 없이 착취하고 이용하려 하는 성향도 강화시키게 된다. 부모가 아이에게 어떤 한계를 정해주지도 않고 마음대로 하게 내버려둠으로써 아이가 사회적 현실에서 수용될 수 있는 행동의 한계를 고려하지 못하게 되는 것이다.

아이는 자신의 부적절한 행동에 대해서 부모로부터 야단을 맞게 되면, 두려움과 죄책감을 느껴 그러한 행동을 억제할 뿐만 아니라 사회적으로 용인되는 행동의 규칙을 학습하여 내면화한다. 그러나 부모가 아이의 행동에 대해서 적절한 개입을 하지 않은 채 방임하거나 용인하면, 아이는 성장하여 자기중심적이고 타인착취적인 행동을 당연시 여기는 것이다.

3) 자기애성 성격장애의 영속 과정

앞에서 설명했듯이, 어린 시절의 경험을 통해 자기애적 성격의 기초가 형성되면 성장 과정 속에서 이러한 특성이 점차 강화되고 견고해지면서 자기애성 성격장애로 발전하게 된다. 밀론은 자기애성 성격이 형성되는 과정뿐만 아니라 자기애성 성격장애로 발전되어 지속되는 과정을 강조하여 설명하고 있다. 자기애성 성격의 기초를 지닌 사람은 자기중심적인 행동을 하게 되고, 다른 사람의 반응을 나름대로 해석하여 받아들임으로써 이러한 성격특성이 강화되는 순환 과정이 나타나게 되는데, 밀론은 이를 자기영속적 순환self-perpetuating cycle이라고 불렀다.

먼저, 이러한 자기영속적 순환 과정은 '나는 대단한 존재'라는 자기개념에서부터 시작된다. 자기애적 성격을 지닌 사람들은 자신이 태어나면서부터 유능함을 타고났다고 믿기 때문에, 다른 사람들처럼 특별히 애를 써서 노력하는 것은 자신의 품위에 맞지 않는다고 생각한다. 이들은 이미 지니고 있는 것을 얻기 위해 불필요한 노력을 기울일 필요가 없을 뿐만 아니라, 자신이 원하는 것은 별다른 노력 없이도 가질 수 있다고 생각하는 것이다.

자기애성 성격장애자는 살아가면서 때로는 주변 환경이 자신의 기대에 부합하지 않는다는 것을 인식하게 되지만, 주변 환경을 변화시키기 위해 애써 어떤 시도를 한다는 것은 자기개념에 부합되지 않기 때문에 불안과 두려움을 느끼게 된다. 따라서 환경의 도전에 직면하여 특별한 노력을 기울이기보다는, 상황을 무시하거나 '이까짓 것쯤은 쉽게 해치울 수 있다'고 호언장담하면서 자신의 능력을 실제로 검증하려는 모험을 하지 않는다. 또한 자기상에 부합되는 긍정적 정보는 선택적으로 주의를 기울여 중요시하지만 부정적 정보는 무시하거나 외면한다. 때로는 다른 사람의 비판에 대해서, 그들이 자신을 시기하고 질투하기 때문이라고 일축해버리기도 한다. 이들은 대단한 업적을 내어 다른 사람의 찬사를 받는 자신의 모습을 자주 공상하기도 하는데, 점점 이러한 공상과 현실을 구분하지 못하고 웅대한 자기상을 유지하고 확대시켜나간다. 또한 이런 방식으로 대응하면서, 자신에 대한 과대평가가 사실은 잘못되었다는 것을 회피하고 자신의 우월성에 대한 착각을 계속 유지해나가게 된다.

그러나 바로 이러한 대응방식으로 인해 자기애성 성격장애자는 자신의 발전을 저해하게 된다. 이들은 자신이 대단히 유능한 존재라는 신념과 현실적 근거 없이 고양된 자신감 때문에 자신이 지니고 있는 다른 적성과 능력을 발달시키지 못한다. 또한 애써서 노력하기를 꺼리거나 두려워하기 때문에 자기개발에 소홀해지고, 그 결과 시간이 흘러갈수록 부족하고 열등한 부분이 점점 더 늘어나게 된다. 이들에게 있어 자신이 우월하다는 신념은 자기 존재를 유지해나가는 바탕이기 때문에, 이러한 신념이 착각이라는 것을 인식하기란 매우 고통스러운 일이다. 따라서 자신에 대한 부정적 정보를 외면하기 어려운 상황에 처하게 되면 일시적인 우울감에 빠지거나 때로는 망상증으로 발전하기도 한다.

한편, 자기애성 성격장애자는 자기중심적이고 거만한 행동을 하기 때문에 사회적으로 고립되는 경우가 많다. 이러한 고립된 대인관계 양상은 자기영속적 순환 과정을 더욱 촉진하게 된다. 이들은 다른 사람들과 갈등이 생기거나 비난을 받게 되면 자신의 생각과 신념이 잘못된 것이 아니라 상대방의 관점이 잘못되었다고 생각한다. 특히 다른 사람과의 견해 차이가 클수록 그만큼 자신은 특이하고 수준 높은 관점을 지니고 있다고 생각하여 자신의 우월성에 대한 확신을 강화하고 다른 사람을 경멸하게 된다. 이러한 대인관계 방식으로 인해 이들은 사회적으로 점점 더 고립되는 결과를 낳는다.

하지만 대인관계에서의 고립과 소외는 자기애성 성격장애자에게 어떤 통찰이나 반성의 기회를 주기보다는 오히려 이들을 자기만의 환상의 세계로 몰아감으로써 사회적 고립을 심화시킬 뿐이다. 이러한 상태는 타인의 의도와 입장을 이해하지 못하는 자기중심성을 점점 더 강화시킨다. 따라서 대인관계 상황을 객관적으로 평가하지 못하고 자신이 다른 사람들로부터 거절당하는 이유를 파악하지 못하게 됨으로써 사회적 고립이 심화되는 것이다.

이렇게 대인관계에서 반복적인 좌절을 경험하게 되면 자신이 현재 처한 고립된 상황을 새로운 논리로 합리화한다. 예컨대, '천재는 본래 외로운 법이다' '시대를 앞서가는 사람은 주변 사람들로부터 이해받지 못한다'는 등의 생각과 공상을 통해 자신의 사회적 고립을 합리화한다. 이러한 과정을 통해서 자기애성 성격장애자는 자신의 생각과 행동을 강화하고 지속한다. ◆

4. 사회문화적 요인

자기애는 이처럼 부모 및 세상과 상호작용하는 심리사회적 역사를 통해 형성되며, 여기에는 생물학적 요인도 영향을 미친다. 쌍둥이를 대상으로 한 유전요인 연구에 따르면, 자기애성 성격장애의 유전적 요인 지수는 79%로, 다른 성격장애들에 비해 유전요인이 매우 높은 편이라고 한다(Torgersen et al., 2000).

생물학적 · 심리사회적 요인 외에도 자기애적 성격의 형성 및 표현양식에는 문화적 요인이 영향을 미친다. 사회가 핵가족화되고, 자녀교육에 대한 부모의 인식과 열의가 높아지며, 자녀수도 적어 이전 세대에 비해 많은 관심과 투자를 받아온 요즘 세대는, 자연스럽게 '나는 이런 관심과 사랑과 투자를 받을 만한 존재'라는 자존감은 물론, 자기자신의 중요성을 과도하게 높이 평가하는 자기애적 특성을 발전시킬 소지가 커졌다. 예외와 개인차가 있고, 과도한 일반화는 경계해야겠지만, 여러 명의 형제 가운데 자원과 관심을 어쩔 수 없이 나누어왔던 이전 세대와 달리, 요즘 세대는 부모가 어려서부터 일거수일투족에 열광하고, 어떻게 하면 최고로 해줄 수 있을까 골몰하는 대접을 받아왔다. 유아적 자기애가 적절한 좌절을 겪기보다는 그대로 연장될 수 있는 좋은 사회문화적 조건이 갖춰진 셈이다. 때문에 최근 연구에 의하면, 이러한 자기애적 특성 때문에 요즘 세대는 직장에서의 직무평가나 수직적 체계에서 쉽게 좌절을 경험하고, 자신의 적성과 다소 벗어나는 일을 못 견뎌한다고 한다. 부모가 그래왔던 것처럼, 자신의 업무에 대한 칭찬과 인정을 당연히 기대하고, 직무평가나 상사의 인정이 이러한 기대에 미치지 못하거나 부재할 경우 쉽게 분노하고 좌절하는 경향이 있다는 것이다. 또한 '나는 소중하기' 때문에, 내 적성에 맞지 않는 일, 내가 행복하다고 느끼지 않는 일을 해야 한다는 사실이 다소 충격적으로 다가오고, 이전 세대에 비해 불행감을 더 많이 느낀다(Dubrin, 2012).

최근 들어 사회연결망 서비스의 활성화로 자기표현과 과시가 격려되며, 타인에게 소위 '거울반응'을 요구하고 또 이를 서로에게 제공하는 사회적 규범이 형성된 것도 전반적 자기애적 성향의 증가에 영향을 미쳤다고 볼 수 있다. 어찌 보면 기존의 싸이월드나 페이스북, 인스타그램처럼 자신의 일상을 과시하고 또 타인의 일상을 들여다보는 행위가 그토록 빠르게 전파되고 일반화된 것은 자기애적 표현욕구를 자연스럽고 더 광범위하게 표출할 수 있는 장이 마련되었기 때문으로 볼 수도 있다. 이러한 측면에서 사회연결망 서비스가 노출증과 관음증의 절묘한 조화라는 주장도 설득력이 있다. ◆

3

자기애성 성격장애를 어떻게 치료할 것인가

1. 정신역동적 치료
2. 인지행동치료
3. 밀론의 치료
4. 스스로 자신의 적응을 돕기

1. 정신역동적 치료

1) 정신역동적 심리치료의 기본 가정

정신역동적 심리치료는 정신분석을 통해 스스로 알기 어려운 인간의 말, 행동, 상상 등에서 나타나는 무의식의 의미를 밝히고 통합함으로써 발달과 성장, 적응문제 등을 해결하고, 성격을 변화시키며, 심리적 장애를 치료하는 방법이다. 그러므로 정신분석 치료는 특정 증상을 제거하는 것이 목표라기보다는 그 증상을 낳은 인간의 전체적인 마음을 대상으로 하는 치료 방법이라고 할 수 있다.

정신분석 심리치료에서 가장 핵심은 치료자와 내담자의 상담관계가 맺어지지 않고는 치료 과정이 일어나지 않는다는 것이다. 즉, 불행하고 잘못된 인간관계에 의해 일어난 심리적 장애나 심리적인 구조의 결핍은 '관계'를 통해서만 치료될 수 있다고 본다.

정신분석적 심리치료는 기본적으로 해석, 통찰, 훈습의 반복적인 과정을 통해 이루어진다. 즉, 내담자가 자신의 무의식 및 정신세계를 반영하는 생각과 감정을 드러내면, 그 의미를 치료자가 해석하고, 내담자가 이러한 해석에 직면하여 본인의 행동과 증상의 의미 및 내적 심층적 감정과 동기를 통찰하고, 통찰이 실제 심리적 · 행동적 변화로 이어지도록 지속적으로 연습하는 훈습 과정으로 치료가 진행된다.

(1) 꿈의 해석과 자유연상

내담자가 자신의 무의식과 내면을 드러내도록 돕는 데는 꿈의 해석, 자유연상, 저항 해석, 전이 해석 등 여러 방식이 사용된다. 꿈의 해석은 그 사람의 꿈에 무의식적 세계가 상징적으로 드러난다는 가정하에 그 의미를 해석하는 방법이며, 자유연상은 자신의 생각을 머릿속에 떠오르는 대로 자연스럽게 전개시키도록 하고 그렇게 연상되는 사고의 산물을 통해 그 사람의 무의식과 정신세계를 파악하고 의미를 이해하고자 하는 방법이다.

(2) 저항 해석

저항resistance이란 내담자가 무의식적으로 자신의 내면세계가 드러나고 치료되는 것에 저항하고자 하는 여러 가지 제반 현상을 말한다. 스스로 인식하지 못하지만 일부러 다음 심리치료 시간에 오지 않을 핑계를 만들거나, 치료시간에 늦거나 혹은 치료자의 해석을 받아들이지 않는 것 등이 그 예다. 심리적 고통과 증상을 줄이기 위해 심리치료를 찾았지만, 내적 깊은 곳에는 여러 가지 이유로 자신의 심리 내적 세계에 대해 알고 싶지 않은 마음이 있다. 직면하는 것이 너무 고통스럽거나, 이제까지 살아온 방식을 바꾸는 것이 두렵기 때문이다.

이처럼 어떤 마음이 무의식화된 데는 적응적이든 부적응적이든 나름의 심리적 이유가 있고, 그 이유가 해결되기 전이라면 자신의 무의식을 직면하기 두려운 것은 어쩌면 당연하다. 따라서 환자가 저항을 보이는 것으로 파악될 때에는 왜, 무엇에, 어떻게 저항하는지를 잘 이해하고 이를 먼저 해석해주어야 한다. 이를 통해 환자가 직면하기 어려운 심리적 갈등과 문제를 깨달을 수 있게 도와주는 작업을 저항 해석이라고 한다. 이런 저항 해석의 작업을 거치면, 환자는 자신이 환경의 어떤 수동적인 희생양이 아니라 주변 환경과 주체적으로 상호작용의 역할을 한다는 느낌을 갖게 된다. 내가 내 무의식에 조종되는 존재가 아니라, 이를 뛰어넘고 스스로의 행동에 주인이 될 수 있다는 능동적 의식을 심어줄 수 있다.

(3) 전이 해석

심리치료 관계는 내담자의 무의식적인 전이나 치료자의 역전이에 의해 많은 영향을 받는다. 치료자와 내담자의 관계가 정신분석 심리치료에서 가장 중요한 부분 중의 하나이기 때문에 전이 해석이 매우 핵심적이고도 중대한 역할을 하게 된다. 전이transference란 어린 시절 등 과거에 중요한 타인과의 관계 양상이 지금 현재 다른 사람, 특히 치료자와의 관계에서 반복되는 것을 가리킨다. 즉, 어린 시절의 경험에 의해 축적된 인간관계에서의 왜곡된 지각, 적절하지 못한 감정의 경험 및 행동방식 등이 치료자와의 관계에서 나타나는 것을 뜻한다. 예를 들어, 어린 시절에 아버지와의 관계를 통해 아버지 혹은 권위 있는 인물에 대해서 무섭고 위압감을 주는 존재라는 인식을 내재화한 경우, 나이 지긋한 남자 치료자와 심리치료를 하게 되면 아버지와의 관계 양상과 갈등을 심리치료 관계에서 무의식중에 다시 경험하게 된다.

이러한 전이 현상이 일어나는 이유는 과거 그 사람과의 관계에서 아직 해결되지 않은 갈등이 현재의 관계에서 재활성화되기 때문이다. 치료자가 이를 관찰하고 파악하여 의미를 해석해주는 것이 바로 전이 해석이며, 이는 그 사람의 성격구조를 결정하는 가장 핵심 부분 중의 하나인 대인관계 및 타인에 대한 심적 이미지, 즉 표상representation이 어떠한지 그리고 그

부분에서의 갈등이 어떤 것인지를 파악하게 하는 매우 중요한 치료적 작업이 된다.

내담자가 과거 자신의 관계 양상의 재활성화로 인해 치료자에 대해 느끼는 감정반응을 전이라고 한다면, 거꾸로 치료자가 환자에게 느끼는 감정을 역전이countertransference라고 한다. 역전이 현상은 환자가 치료자에게 전달한 전이가 어떤 특성을 가지는가 그리고 치료자 자신의 성격 성향과 과거 관계 양상이 어떠한가에 영향을 받게 된다.

원래 프로이트는 역전이를 치료에 방해되는 것으로 간주하였지만, 오늘날에는 치료를 진척시키고 환자를 이해하는 중요한 도구로 활용된다. 즉, 치료자가 환자에 대해 어떤 감정을 느꼈다는 것은 환자가 그런 감정을 불러일으킬 만한 어떤 중요한 특성을 가졌음을 의미한다는 것이다. 물론 이 역전이 감정에서 환자가 기여한 부분을 제대로 파악하려면 치료자 자신의 성격 성향과 과거 경험 및 문제들이 기여한 부분을 정확히 파악할 수 있어야 하고, 그러기 위해서는 먼저 치료자가 자신의 문제를 다루고 스스로를 객관화하는 능력을 갖추어야 한다.

위에서 언급한 전통적인 정신분석적 치료기법은 자기애성 성격장애뿐만 아니라 다양한 정신장애의 치료에 적용되는 일반적인 것이라고 할 수 있다. 이러한 기본적 개념에 대한 이해의 바탕 위에서 자기애성 성격장애에 대한 정신역동적 치료 방법을 코헛과 컨버그의 주장에 근거하여 좀 더 자세하게 살펴본다.

2) 코헛과 컨버그의 정신역동적 치료

(1) 코헛의 치료 방법

코헛Kohut은 부모가 어린 시절에 아이에게 제대로 공감해주지 못하고, 정상적인 유아적 자기애에 적정한 좌절을 제공하지 못한 데서 자기애성 성격장애가 생긴다고 보았다. 따라서 치료는 치료자와 내담자의 관계에서, 내담자가 어린 시절에 부모와 맺었던 결핍되고 부족한 관계가 재현되는 방식에 초점을 맞추고 있다. 즉, 전이관계에서 나타나는 자기애성 성격장애자의 무의식적 갈등을 해석하고 통찰하도록 함으로써 치료가 이루어질 수 있다고 보았다. 따라서 코헛은 자기애성 성격장애자의 치료에 있어서 전이 해석을 강조하였다.

코헛은 자기애성 성격장애자의 치료 과정에서 나타나는 전이 현상을 3가지로 분류하였다. 첫 번째는 반사 전이mirror transference로서, 내담자가 부모에게 인정받고 싶어 하는 욕구를 치료자에게 전이하여 나타내는 것이다. 두 번째는 이상화 전이idealization transference로서, 과거에 부모를 이상적인 사람으로 보려는 욕구를 지녔듯이, 현재는 치료자를 이상적인 사람으로 여기려는 현상을 뜻한다. 세 번째는 쌍둥이 전이twinship transference라고 부르는 것으로서, 치료자와 같은 사람이 되고자 하는 욕구가 치료관계 속에 나타나는 것을 말한다. 코헛은 이러한 3가지 전이 현상 속에 자기애성 성격장애자가 어린 시절에 전형적으로 느꼈던 욕구가 반영된다고 보았다.

내담자는 예전에 실패했던 부모와의 관계를 치료자와의 관계 속에서 재현하고자 하며, 치료자에게 이러한 과거의 좌절된 욕구를 충족시켜달라는 무언의 압력을 가하게 된다. 이때 치료자가 이러한 욕구를 잘 공감하고 이해해주어야 한다. 치료자는 내담자가 느끼는 감정이나 행동이 실제로는 치료자 자신에게 향한 것이 아니라 과거의 부모와의 관계를 재현하고 있음을 민감하게 파악해내고, 이를 그대로 직면시키고 해석해주기보다는 일단 충분히 그러한 내담자의 욕구와 감정을 수용해주고 공감해주어야 한다. 차후 내담자가 준비가 되었을 때 그 의미를 해석하고 통찰할 수 있도록 도와야 하지만, 그 전에 어린 시절의 결핍을 충분히 채울 수 있을 만큼의 공감과 수용을 치료관계에서 느끼는 것이 선행되어야 한다. 내담자에게 너무 일찍 직면시키려고 시도하면 내담자는 충격을 받고 치료자에게 거부당한 것처럼 느끼게 된다. 이는 내담자에게 어린 시절에 부모에게서 상처받은 것과 똑같은 일이 벌어지게 되는 셈이다.

이렇듯 내담자는 어린 시절에 부모로부터 겪었던 과정을 치료자와의 관계 속에서 유사하게 다시 반복하여 경험하되, 치료자는 부모와는 다른 방식으로 반응해주어야 한다. 즉, 치료자는 내담자가 정상적이고 건강한 발달 과정을 경험할 수 있도록 내담자의 이러한 욕구를 잘 이해하고 공감해주는 것이 필요하다. 내담자가 이러한 경험을 통해서 어린 시절에 받은 자존감의 상처를 회복할 수 있게 되면 자기애성 성격장애가 치료될 수 있다.

(2) 컨버그의 치료 방법

컨버그Kernberg 역시 치료자와 내담자 간의 전이관계를 중요시하는 점에서는 코헛과 유사하지만, 이러한 전이 과정에서 나타나는 '방어기제의 해석'을 강조한다는 점에서 상당한 차이가 있다. 즉, 자기애성 성격장애를 지닌 내담자는 치료 과정에서 치료자를 이상화하는 경향을 나타내게 되는데, 이는 내담자가 자신이 느끼는 감정으로 인정하지 않기 위해서 무의식 속에 분리시켜 놓은 모욕감, 시기심, 분노 감정에 대한 방어라는 것이다. 따라서 치료자는 이러한 내담자의 이상화 욕구를 공감해주기보다는 내담자에게 해석해주고 직면시켜야 한다.

컨버그에 따르면, 자기애성 성격장애를 지닌 내담자는 치료자를 이상화하는 동시에 내면에 뿌리 깊게 자리 잡고 있는 강한 시기심 때문에 치료자를 이기려고 무척 애를 쓴다. 따라서 치료자를 이상화하는 내담자에게 치료자가 이를 수용하고 공감해주면서 내담자를 보살펴주면, 내담자는 자신이 우월한 치료자로부터 보살핌을 받는 열등한 존재라는 생각을 갖게 되어 치료자에게 시기심과 분노를 느끼게 된다. 그러므로 치료자는 내담자의 이상화 욕구를 공감해주기보다는 이를 지속적으로 짚어주고 깨우쳐주어야 한다고 보았다. 이러한 과정 속에서 치료자는 내담자의 마음 깊은 곳에 분리되어 있는 이상화 욕구와 분노를 서로 통합시키도록 돕는다. 아울러 이들이 타인을 무시하는 일방적인 행동을 자각하여 죄책감을 느낄 수 있도록 만들어 다른 사람의 입장을 좀 더 배려할 수 있는 능력을 배양시켜야 한다고 컨버그는 주장한다.

컨버그는 자기애성 성격장애자는 기본적으로 자신의 부정적이고 열등하며 수치스러운 점들을 받아들일 수 없어 이를 무의식 속에 묻어 놓고, 대신 자신의 긍정적이고 우월하며 자랑스러운 점들만을 자꾸 생각하고 과시하려는 경향이 있다고 보았다. 즉, 이들은 자신의 긍정적 측면과 부정적 측면이 괴리되어 자아가 심한 분리를 일으키고 있다는 것이다. 따라서 이러한 2가지 양극화된 자신의 측면을 스스로 통합할 수 있도록 하는 것이 자기애성 성격장애자의 최종적인 치료 목표라고 보았다.

이상에서 자기애성 성격장애에 대한 코헛과 컨버그의 치료 방법을 살펴보았다. 이들은 자기애에 대한 가장 영향력 있는 정신역동적 이론가들이면서도 인간관이나 치료 과정에 대한 입장은 서로 첨예하게 대립된다.

코헛은 내담자가 치료자에게 보이는 이상화가 정상적인 발달 과정에서 일어나는 것이라고 보았다. 내담자가 겪고 있는 감정은 부적절한 것이 아니라, 부모와의 관계에서 부모가 잘못한 점을 생각해볼 때 이해할 만한 것이라고 보았다. 또한 내담자의 말을 있는 그대로 받아들이고, 내담자가 치료 과정에서 보이는 저항을 자기를 지키려는 건강한 정신활동이라고 보았다. 그는 주로 내담자의 경험 중에서 긍정적인 측면을 보려고 하였고, 내담자가 나아지는 것에 주의를 기울였다.

반면, 컨버그는 내담자가 치료 과정에서 치료자를 이상화하는 것은 정상적인 것이 아니라 일종의 병리적인 방어라고 보았고, 저항도 방어로 보아 직면시키고 해석하고자 하였다. 또 내담자의 긍정적인 경험만 강조하면 내담자의 마음 안에 있는 시기와 분노에 대한 두려움이 커질 수 있기 때문에, 내담자 경험의 긍정적인 측면과 부정적인 측면을 모두 다루고자 하였다. 또한 컨버그는 시기심을 중요하게 보았는데, 이러한 시기심이 내담자가 치료자의 도움을 인정하지도 받아들이지도 못하게 하는 데 어떻게 작용하는지에 초점을 두고자 하였다.

실제 치료 과정에서는 코헛이나 컨버그 두 접근 중 어느 하나를 택할 것이 아니라, 내담자의 말을 주의 깊게 듣고 전이와 역전이의 발달을 관찰하고, 치료적 개입에 대한 내담자의 반응을 주의 깊게 살핌으로써 내담자에게 가장 적절한 접근이 어떤 것인지를 결정해야 한다.

3) 역전이 다루기

한편, 자기애성 성격장애자뿐 아니라 여러 정신장애를 심리치료할 때 치료자가 고려해야 할 중요한 사항이 바로 역전이다. 역전이countertransference란 전술한 바와 같이 치료자가 자신의 심리적 특성을 투사하여 내담자를 특정한 방식으로 느끼고 대하는 것을 말한다. 특히 치료자가 자신의 어린 시절에 중요한 사람과 맺었던 관계의 양상이 내담자와의 관계에 투사되어 나타나기도 한다. 따라서 치료자는 치료 과정에서 자신의 역전이가 나타나고 있는지를 늘 살피고, 이것이 치료에 악영향을 미치지 않도록 유의해야 한다.

특히 자기애성 성격장애자를 치료할 때 치료자는 역전이에 주의해야 한다. 내담자가 이상화 전이를 나타내어 치료자를 이상적인 인물이라고 생각하고 대할 때, 치료자는 그러한 인정과 존경을 받는 데 내심 즐거워하며 만족스럽게 느낄 수 있다. 또한 이상화 전이가 일어날 때 내담자들은 이전에 자신이 치료받았던 치료자들을 모두 평가절하하는 경향이 나타나는데, 이때 치료자는 자신이 정말 다른 치료자들이 주지 못한 뭔가를 주고 있는 유능한 치료자라고 착각할 수 있다.

그러나 자기애성 성격장애자가 나타내는 이상화 전이에는 예전에 부모에게서 느꼈던 증오와 분노가 기저에 잠복해 있으며, 이를 외면하고자 하는 방어적 욕구가 반영되어 있는 경우가 많다. 따라서 치료자는 내담자가 치료 과정에서 증오와 분노 감정을 외면하고자 하는 소망과 결탁하여, 이러한 감정을 소홀히 다루거나 배제할 수 있다. 왜냐하면 치료자는 내담자의 심층적 내면에 있는 증오와 분노의 감정이 자신에게 투사되어 내담자가 자신에게 공격적인 태도를 취하게 되고, 이로 인해 그동안 만족스럽게 느껴왔던 내담자와의 관계가 악화되어, 결과적으로 치료자 자신의 자존감이 손상될 것을 두려워하기 때문이다.

치료 과정이 진전되면서, 실제로 내담자의 심층적인 분노와 증오 감정이 표출되고 이것이 치료자를 향하게 될 수 있다. 이때 자기애성 성격장애자는 치료자의 한계를 지적하거나 치료에 회의를 표명함으로써 치료자에게 부정적인 태도를 나타낼 수 있다. 이렇게 내담자가 치료자에게 공격적인 태도를 지속적으로 나타내면 치료자는 내담자에게 화가 나고 분노를 느끼게 된다. 따라서 치료자는 이러한 분노 감정에 적절하게 잘 대처해야 한다.

사실 치료자에 대한 내담자의 공격적인 태도는 치료의 좋은 계기로 활용될 수 있다. 즉, 이는 내담자가 지닌 무의식적 갈등과 관계 패턴이 치료자에게 드러나는 현상이므로 이를 적절하게 해석해주거나 직면시켜 자각하도록 유도해야 한다. 경우에 따라서는 치료자에 대한 비판적인 태도가 내담자 자신과 치료에 도움이 되지 않는다는 것을 직면시킬 필요가 있다. ◆

2. 인지행동치료

인지행동치료는 1970년 이후 급격하게 발전해온 비교적 새로운 심리치료 방법으로서 우수한 치료 효과로 인해 현재까지도 각광받고 있다. 인지행동치료는 기본적으로 내담자의 심리적 증상은 부적응적인 인지와 행동에 의해 초래된다는 가정에 기초하고 있다. 따라서 내담자의 어린 시절의 경험이나 무의식적 동기를 다루는 정신역동적 치료와는 달리, 인지행동치료는 내담자의 심리적 증상을 유발하는 현재의 인지적 · 행동적 요인을 찾아내어 이를 수정함으로써 증상을 제거하는 방법이다. 즉, 내담자의 심리적 증상을 유발하는 부적응적인 인지와 행동을 적응적인 것으로 변화시킴으로써 내담자의 삶을 보다 적응적인 상태로 전환하는 데 초점을 두고 있다. 이러한 인지행동치료는, 정신역동치료와 비교할 때, 과거보다는 현재의 경험에 초점을 두며 구체적인 치료기법을 사용하여 상대적으로 단기간 내에 내담자의 문제를 해결하는 치료방법이라고 할 수 있다. 인지행동치료에 대한 보다 상세한 이해를 위해서는 『이상심리학 총론』을 참고하기 바라며, 여기에서는 자기애성 성격장애에 대한 인지행동치료에 대해서 설명하기로 한다.

1) 인지행동치료의 목표

인지행동치료는 자기애성 성격장애자가 그들의 삶을 부적응적인 상태로 유도하는 독특한 신념체계와 행동방식을 찾아내고 수정하는 데 초점을 두고 있다. 인지행동치료에서는 자기애성 성격장애의 가장 핵심적인 3가지 특성을 웅대한 자기상, 평가에 대한 과도한 예민성, 공감의 결여라고 보고 있다 (Beck & Freeman, 1990). 따라서 이러한 3가지 특성과 관련된 신념체계와 행동방식을 보다 적응적으로 변화시키는 것이 인지행동치료의 목표라고 할 수 있다. 이러한 3가지 특성을 인지행동치료의 관점에서 좀 더 상세하게 살펴보기로 한다.

첫째, 자기애성 성격장애자는 웅대한 자기상, 즉 자기 자신에 대해서 비현실적으로 과대평가된 자기개념을 지니고 있으나, 이러한 웅대한 자기개념은 현실과 괴리된 것이어서 주변 사람들은 이들을 그렇게 대단하고 특별한 존재로 인정해주지 않기 때문에 현실 생활 속에서 갈등이 생겨나게 된다. 따라서 인지행동치료에서는 이처럼 부적응적인 삶을 초래하는 웅대한 자기상과 자기신념을 보다 현실적인 자기인식으로 전환시키는 것을 자기애성 성격장애의 치료 목표로 삼는다. 이를 위해서 인지행동치료자는 웅대한 자기상과 관련되어 있는 비합리적이고 비현실적인 신념들을 구체적인 경험 속에서 찾아내고, 자기애성 성격장애자가 그 부적응성을 스스로 인식하여 좀 더 유연하고 현실적인 자기신념으로 대체하도록 촉진한다.

둘째, 자기애성 성격장애자는 자신에 대한 타인의 평가에 과도하게 예민하다. 특히 다른 사람들이 자신에 대해 부정적인 평가를 했을 때 과도하게 위협감을 느끼고 강렬한 감정적 반응을 하게 된다. 사실 타인의 평가는 긍정적인 것이든 부정적인 것이든 자신에 대한 객관적 평가를 위한 좋은 자료인 동시에 자신을 개선시킬 수 있는 좋은 계기가 될 수 있다. 그러나 자기애성 성격장애자는 타인의 평가에 과민하기 때문에 이를 수용하여 자기발전에 활용하기보다는 무시하거나 왜곡된 방식으로 받아들이게 되고, 결과적으로 현실과 동떨어진 자기개념을 유지하고 자기개선의 노력을 기울이지 않게 된다. 또한 타인의 평가에 대한 과민성은 대인관계에도 치명적인 악영향을 미치게 된다. 특히 타인의 부정적 평가에 대해서 분노 감정을 느끼고 이를 적절하게 조절하지 못하여 상대방에게 강렬한 분노 감정을 표출하거나 무시하는 경멸적인 행동을 함으로써 대인관계에서 심한 갈등과 고립을 초래하게 된다.

따라서 인지행동치료에서는 자기애성 성격장애자가 타인의 평가에 대해서 정당한 관심을 기울이고 그에 대한 감정반응을 조절할 수 있도록 유도한다. 이를 위해서 타인의 평가에 예민한 반응을 하게 하는 부적응적인 사고 내용예: 나는 항상 긍정적 평가를 받아야 한다, 긍정적 평가를 하지 않는 것은 부정적 평가를 하고 있다는 것을 뜻한다, 나와 같은 견해를 지니지 않는 사람은 열등하다, 부정적 평가는 시기와 질투에서 나온 것이다 등을 찾아내어 변화시키고 부정적인 평가에 효과적으로 대응하는 행동방식을 익히도록 시도한다.

마지막으로, 자기애성 성격장애자는 공감 능력이 결여되어 있다. 공감 능력은 다른 사람의 입장에서 그 사람의 감정을 느끼고 배려하여 행동하는 능력을 뜻한다. 자기애성 성격장애자는 다른 사람의 생각과 감정을 이해하고 고려하지 못한 일방적이고 자기중심적인 행동으로 타인의 감정을 상하게 하는 경우가 많다. 아울러 다른 사람은 자신을 위해 존재한다는 생각으로 인해 이기적이고 착취적인 대인행동을 한다. 따라서 인지행동치료에서는 자기애성 성격장애자의 공감 능력을 향상시키기 위해 노력한다. 이를 위해서 다른 사람의 감정에 대한 자각을 증진시키고, 공감적 감정을 활성화시키며, 착취적 행동을 수정하도록 유도한다.

자기애성 성격장애는 다양한 형태로 나타나기 때문에 내담자의 특성에 따라 치료 목표가 다르게 설정될 수 있다. 다음에서 소개한 것은 전형적인 자기애성 성격장애자의 치료를 위한 일반적인 치료 목표라고 할 수 있다.

2) 인지행동치료의 과정

(1) 자기애성 성격장애자와 치료자와의 관계

자기애성 성격장애자가 자신의 성격적 문제로 인해 스스로 치료기관을 찾아오는 경우는 드물다. 대부분은 성격장애로 인해 파생되는 우울증, 직업적응 문제, 대인관계 문제, 부부관계 악화 등의 다양한 심리적 문제를 해결하기 위해 찾아오게 된다. 이렇게 심리치료를 받게 되더라도, 이들은 심리치료자를 경쟁자로 생각하거나 치료에 비협조적인 태도를 취하는 경우가 많다. 따라서 인지행동치료에서는 치료 초기에 내담자와의 협력적 치료관계를 형성하는 데 주력하게 된다. 자기애성 성격장애자는 그들의 특성상 자신이 치료자보다 열등한 위치에서 일방적으로 치료를 당한다는 관계구조를 받아들이지 못한다. 따라서 치료자는 이러한 내담자의 심리적 특성을 잘 이해하고, 그들이 겪고 있는 문제들을 잘 탐색하며 수용해주어야 한다.

본래 인지행동치료에서는 치료자와 내담자는 평등관계에 있으며, 내담자의 문제를 해결하기 위해 함께 협력하는 동반자적 관계를 강조한다. 이러한 평등한 치료관계를 맺는 것뿐만 아니라 치료의 원리와 과정을 설명해주고 치료 목표를 논의하여 합의하는 것도 좋은 치료 관계를 형성하는 데 도움이 될 수 있다. 이때 치료자는 내담자에 대해서 특별대우를 하거나 또는 평가적인 반응을 하지 않도록 조심해야 한다.

한편, 자기애성 성격장애자는 자신의 우월성을 입증하기 위해 치료자를 무시하거나 오만한 행동을 나타낼 수 있는데, 치료자는 내담자가 이러한 행동을 하게 된 내면적 동기를 잘 이해하고 부적절한 감정적 반응을 하지 않는 것이 중요하다. 아울러 자기애성 성격장애를 지닌 내담자는 치료자가 자신을 열등한 존재로 보고 부정적인 평가를 하고 있다고 생각되면 분노를 표현하고 치료를 포기할 수 있으므로, 치료자는 치료 과정 내내 내담자와의 치료적 관계에 세심한 주의를 기울여야 한다.

(2) 자기애성 성격장애자에 대한 인지행동치료 과정

인지행동치료자는 치료 관계를 형성하면서 내담자가 현재 힘들어하는 문제들과 배경적 정보를 탐색해나간다. 그리고 이러한 탐색 자료에 근거하여 내담자의 문제를 인지행동적 이론의 틀 속에서 체계적으로 구성한다. 아울러 이러한 내담자 문제에 대한 이해뿐만 아니라, 어떤 문제부터 다루어나갈 것인지를 내담자와 함께 논의하고 단기적 목표와 장기적 목표를 합의하여 하나씩 진행해나간다. 중요한 것은 내담자로 하여금 자신이 현재 처한 어려움들을 해결하기 위해서 자신이 변화될 필요가 있다는 것을 충분히 이해하도록 돕는 것이다.

치료 초기에는 내담자가 해결하기를 원하고 단기적인 해결이 가능한 문제들을 하나씩 다루어나간다. 이때 치료자는 내담자로 하여금 문제 발생에 대한 자신의 책임의식을 증진시키고, 인지적 왜곡과 역기능적 정서를 감소시키며, 새로운 적응적 행동을 시도하도록 유도하는 데 초점을 두게 된다. 더 나아가 이들이 타인의 감정을 고려하고, 서로에게 도움이 되는 행동을 통해 협동적인 관계를 형성하며, 타인에 대한 좀 더 현실적인 기대를 갖게 하고, 자신의 습관과 감정에 대한 통제력을 증진하도록 격려한다. 이러한 변화를 통해서 자기애성 성격장애자가 지속적으로 되풀이되는 심리적 증상을 해결할 뿐만 아니라 좀 더 안정된 기분을 지니고 대인관계나 직업활동에서 원만하게 적응하게 할 수 있도록 돕는다.

(3) 장기적인 치료 목표 달성하기

이러한 과정 속에서 인지행동치료의 장기적인 방향은 전술한바 대로 웅대한 자기상의 현실적 수정, 타인의 평가에 대한 예민성의 완화 그리고 공감 능력의 향상을 향해 나아가게 된다. 그 각각의 목적을 달성하는 구체적인 방법은 다음과 같다.

첫째, 웅대한 자기상의 현실적 수정을 위해서는 자신에 대한 인지적 왜곡과 이와 관련된 부정적인 감정을 효과적으로 다루게 하는 인지적 기법이 적용된다. 자기애성 성격장애자는 늘 자신을 타인과 비교하며 그들과의 차이를 우월함-열등함의 차원에서 평가하는 습성이 있다. 이 과정에서 '나는 월등하게 우월하다. 그렇지 않으면 나는 전적으로 무가치한 존재다'라는 식의 흑백논리적이고 이분법적인 인지적 오류를 범하게 된다. 따라서 자기가치를 타인과의 비교 속에서 평가하기보다는 자신의 내적 기준에 따라 평가하도록 유도하거나, 타인과의 차이점보다 공통점에 초점을 두어 그들과 동질감을 느끼도록 유도한다. 또한 우월함-열등함에 대한 극단적인 이분법적 평가방식보다는 좀 더 유연한 중립적인 평가방식으로 전환하도록 촉진한다.

이와 더불어 이들이 습관적으로 웅대하고 이상적인 자기모습에 대해 상상하는 비현실적인 내용을 좀 더 실현 가능하고, 일상적이며, 구체적인 내용으로 전환시키는 심상적 재구

성법imaginal restructuring을 활용할 수 있다. 이를 통해 웅대한 자기상에 대한 상상을 감소시킬 뿐만 아니라 구체적인 현실적 과제 수행을 위한 내면적 연습 효과를 가져와 현실 적응이 향상되고 진정한 자존감이 고양될 수 있다.

둘째, 타인의 평가에 대한 예민성을 완화시키는 데에 다음과 같은 인지행동적 치료기법이 적용된다. 이들은 타인의 평가에 예민할 뿐만 아니라 파국적 사고catastrophic thinking나 이분법적 추론dichotomous reasoning을 통해 그 의미를 왜곡하거나 확대해석하여 감정적 반응을 하게 된다. 인지치료적 기법을 통해 이러한 인지적 왜곡을 자각하여 수정함으로써 타인의 평가를 현실적으로 해석하고, 극단적인 정서적 반응을 완화하여 이를 자기개선에 활용할 수 있도록 돕는다. 이러한 과정을 통해 이들이 타인의 평가에 지나치게 의존하지 않고도 긍정적인 비현실적으로 웅대하지 않은 자기개념을 안정되게 유지할 수 있도록 유도한다.

또한 타인의 부정적 평가를 견뎌낼 수 있도록 체계적 둔감법을 사용할 수 있다. 이 기법은 타인의 부정적 평가가 미약한 것에서부터 강력한 것에 이르기까지 위계적 순서를 정하고 이를 점차적으로 노출하여 심한 정서적 반응 없이 견뎌낼 수 있도록 돕는다. 타인의 평가에 대해서 효과적으로 대처하는 행동적 기술을 습득하여 활용하게 할 수도 있다.

자기애성 성격장애자를 위한 적응적인 대안적 신념

1. 인간은 누구나 독특한 존재이며 인간적 가치를 지니고 있다.
2. 모든 사람은 특별한 존재다.
3. 평범한 것도 좋은 것이다. 평범함을 통해서도 많은 즐거움과 만족을 얻을 수 있다. 때로는 평범함이 특별함 못지 않게 좋은 것이다.
4. 다른 사람과 함께 팀을 이루어 일함으로써 많은 이득과 보상을 얻을 수 있다.
5. 다른 사람보다 항상 나은 사람이 되기보다 다른 사람과 비슷해짐으로써 많은 즐거움과 만족을 얻을 수 있다.
6. 다른 사람들로부터 단기적인 존경을 받기보다 장기적인 존경을 받는 것이 바람직하다.
7. 다른 사람의 욕구와 의견도 나의 것과 마찬가지로 중요하다.
8. 동료는 경쟁 상대이기보다 좋은 자원이다.
9. 모든 사람은 단점을 지니고 있다.
10. 평가는 타당하고 유익한 것이다. 이를 잘 활용하면 나의 성장에 도움이 될 수 있다.
11. 아무도 나에게 빚진 사람은 없다.
12. 과장된 야망에 집착하기보다 현실 상황을 생각하는 것이 더 건강하다.
13. 행복하기 위해서 모든 사람으로부터 관심과 존경이 필요한 것은 아니다.
14. 사람들 사이의 우월함과 열등함은 가치판단이며 항상 변화될 수 있는 것이다.

15. 나는 나의 감정을 조절할 책임이 있다. 다른 사람의 평가에 의해 나의 감정이 영향받는 것은 나를 그들에게 의존시키는 것이며 나의 감정을 조절하지 못하게 한다.
16. 예외적인 존재가 되기보다 집단의 구성원이기를 선택한다.

* 출처: Beck & Freeman (1990).

마지막으로, 인지행동치료에서 자기애성 성격장애자의 치료를 위해서 주력하는 영역이 공감 능력의 개발이다. 치료자는 먼저 자기애성 성격장애자가 타인의 감정에 관심을 갖도록 유도한다. 첫 번째 단계에서는 이들에게 단지 "그때 상대방은 어떤 기분일까요?" "상대방은 당신의 행동에 대해서 어떻게 생각할까요?"라는 물음을 던짐으로써 타인의 감정에 관심을 갖게 한다. 두 번째 단계에서는 타인이 느끼고 있을 구체적 감정에 대한 대리적 체험을 통해 좀 더 섬세한 공감 능력을 양성한다. 이를 위해서 역할연습role play이나 역할전환role reversal 등의 기법을 통해 상대방의 입장에 서서 그 사람이 느꼈을 감정을 체험해보도록 한다. 세 번째 단계에서는 상대방의 입장과 감정을 고려하여 보다 적응적인 대안적 행동은 어떤 것일지를 함께 논의하거나 제안한다. 아울러 이러한 새로운 대안적 행동을 실생활에서 시행하도록 해보고 다른 사람의 반응과 결과를 함께 검토한다. 새로운 행동이 과거의 행동보다 더 긍정적인 결과를 가져온다는 것을 체험하면서 타인을 배려하는 공감적 행동도 증가하게 된다.

(4) 인지행동치료 과정에서의 장애물

자기애성 성격장애자에 대한 인지행동적 치료 과정은 결코 순조롭게 이루어지지 않으며 여러 가지 어려움에 처하게 된다. 자기애적 성격의 문제는 주로 대인관계 상황에서 나타나게 되며 치료자와 내담자의 관계 속에서 재현되기도 한다. 특히 치료자는 내담자의 비협조적이고 자기중심적이며 오만한 태도에 불쾌한 감정을 경험하게 된다. 흔히 치료자의 언급을 부정적 평가로 오인하여 공격적이고 경멸적인 행동을 나타내거나 치료 효과의 부진을 치료자의 탓으로 돌리는 경우가 많다.

이때 치료자는 내담자의 이러한 반응에 대해서 느껴지는 자신의 심리적 반응느낌, 생각, 신념 등을 잘 자각해야 한다. 아울러 이러한 자신의 반응을 적절한 기회에 내담자에게 전달해 줌으로써 치료적으로 활용할 필요가 있다. 내담자의 자기애적 행동이 타인, 즉 치료자에게 어떤 생각과 감정을 유발하는지에 대한 생생한 피드백을 제공할 수 있기 때문이다.

물론 이러한 작업은 내담자와의 굳건한 치료적 관계에 기초를 두고 있어야 하며 치료적 효과를 염두에 두고 주의 깊게 이루어져야 한다. 즉, 치료자의 이러한 반응이 내담자에 대한 비난이나 공격이 아니라 내담자의 문제를 해결해나가기 위한 노력의 일환이라는 점을 분명히 전달해야 한다. 이와 같이 치료적 작업이 치료자와 내담자가 협동적 관계 속에서 함께 이루어가는 것이라는 점을 내담자에게 지속적으로 인식시킬 필요가 있다. 치료자는 '나' 또는 '당신'이라는 용어보다는 '우리' 또는 '함께'라는 용어를 자주 사용함으로써 협동적 관계를 유지해나가도록 노력해야 한다.

이러한 치료적 관계를 통해서 내담자는 협조적이고 적극적으로 치료에 임할 뿐만 아니라 타인과 함께 작업해나가는 협동적인 공동 활동을 체험하게 된다. 치료자는 인내심, 일관성과 끈기 그리고 자신감을 가지고 치료에 임해야 한다. ◆

3. 밀론의 치료

밀론Millon은, 앞에서 살펴보았듯이, 진화 과정에서 인간의 성격구조에 중요한 영향을 미치고 있는 쾌락추구-고통회피, 자기지향성-타인지향성, 능동성-수동성의 3가지 성격차원을 고려한 사회생물적 학습 이론과 진화적 이론을 제안하고, 자기애성 성격장애는 세 차원의 극단적인 편향의 결과라고 보았다. 따라서 자기애성 성격장애에 대한 궁극적인 치료 목표는 자기애성 성격장애자가 이러한 3가지 성격 차원에서 균형적인 조화를 이룰 수 있도록 하는 것이다. 그러나 밀론은 이러한 치료 목표를 달성하기 위해서 독자적인 치료기법을 제시하기보다는 기존의 다양한 치료기법들을 적절하게 활용해야 한다는 입장이다.

밀론은 자기애성 성격장애의 치료 목표를 크게 3가지로 나누어 제시하고 있다. 첫 번째는, 자기애성 성격장애자가 나타내고 있는 성격 차원의 극단적 성향을 균형적인 상태로 회복시키는 것이다. 즉, 이들의 지나친 자기지향성과 수동성을 좀 더 타인지향적이고 능동적인 성향으로 변화시키는 것이다.

두 번째는, 자기애성 성격장애자의 부적응을 초래하는 주요한 역기능적 요인을 수정하는 것이다. 특히 이들의 삶을 부적응적인 상태로 만들고 있는 과대한 자기개념과 비공감적 대인행동에 초점을 두어 현실적인 자기개념과 공감적 행동을 증진시킴으로써 현실적 적응을 돕는 것이다.

마지막으로, 자기애성 성격장애를 지속시키는 심리적 과정을 직면시키는 것이다. 일상생활 속에서 자기애적 성격특성을 유지하고 강화하는 악순환의 과정을 자각하게 함으로써 성격장애의 영속 과정을 차단하는 것이다. 이러한 3가지 목표를 달성하기 위한 치료적 방법을 좀 더 구체적으로 살펴보기로 한다.

1) 양극적 성격특성의 균형 회복

(1) 자기지향성-타인지향성 차원: 타인지향성의 개발

자기애성 성격장애자는 자기지향성-타인지향성의 차원에서 극단적인 자기지향성을 나타낸다. 따라서 치료자는 자기애성 성격장애자의 지나친 자기지향성을 약화시키고 타인지향성을 증대시키기 위해 다각적인 노력을 기울여야 한다. 밀론에 따르면, 자기애성 성격장애자의 과도한 자기지향성은 자신이 월등하게 가치 있는 완벽한 존재가 되어야 한다는 자기상과 밀접하게 관련되어 있다. 이들은 이러한 생각에 강박적으로 집착하는 한편, 내면적으로는 자기상에 대한 자신감이 부족하기 때문에 타인에게 관심을 기울일 여유 없이 자기 자신에게 몰두하게 되는 것이다. 이들은 자기가치감의 원천을 타인으로부터 얻기보다 자기 자신에게서 찾고자 한다. 이렇게 자기 자신에 대한 지향을 통해, 스스로 대단한 존재라는 자기인식을 강화하고 미래에 대단한 존재가 된 자기 모습을 상상하며 자기만족을 얻게 된다.

이들의 과도한 자기지향성을 약화시키기 위해서는 대단하며 완벽한 존재가 되어야 한다는 심리적 부담을 완화시켜주어야 한다. 이를 위해서 자신의 약점과 결함을 직면하고 수용할 수 있는 능력을 배양하는 것이 중요하다. 인간은 필연적으로 불완전한 존재이며, 약점과 결함을 지니고 있다고 해서 그 개인이 무가치한 실패자가 아니라는 점을 수용하도록 도와야 한다. 아울러 다른 사람 역시 나와 마찬가지로 중요한 존재일 뿐만 아니라, 사회생활은 구성원 간의 효과적인 상호작용에 의해서 이루어지므로 타인을 배려하고 사회적 제약을 고려하여 행동해야 한다는 사회적 현실을 자각하도록 해야 한다. 여기에서 중요한 것은 일상생활에서 좌절과 갈등이 발생하는 데에는 자신에게도 중요한 책임이 있다는 사실을 수용하도록 하는 것이다.

(2) 능동성–수동성 차원: 능동성의 개발

자기애성 성격장애자가 환경과의 상호작용에서 나타내는 과도한 수동성을 보다 능동적인 방식으로 촉진하는 것이 중요하다. 이들은 자신이 우월하고 특별한 존재이며, 당연히 다른 사람들이 자신에게 인정과 혜택을 보내주어야 한다는 생각을 지니고 있기 때문에, 다른 사람의 마음이나 주변 환경을 변화시키려는 능동적인 노력을 기울이지 않는다. 즉, 당연히 주어지도록 되어 있는 것을 굳이 애써서 얻으려고 노력할 필요가 없다는 수동적인 자세를 취하게 되는 것이다.

이러한 수동성으로 인하여 자기애성 성격장애자는 개인적으로뿐만 아니라 사회적 · 직업적으로도 성장하지 못하고 침체되는 경향이 있다. 따라서 이들이 타인 및 환경과의 상호 작용에서 자신의 역할과 책임을 자각하고 좀 더 능동적인 노력과 행동을 하도록 촉진해야 한다. 사회적 보상과 인정은 당연히 주어지는 것이 아니라 자신의 적극적인 노력에 의해서 더 바람직한 형태로 얻어낼 수 있다는 것을 깨닫도록 유도해야 한다.

한편, 이들은 자발적이고 능동적인 행동적 기술이 부족하고 미숙하기 때문에 구체적인 행동방식을 습득시킬 필요가 있다. 예를 들어, 직장에서 상사와 갈등이 발생했을 때, 이들은 갈등을 해결하기 위한 설득이나 화해의 능동적인 노력을 기울이지 않고 수동적으로 방치하거나 상대방이 사과하기를 기다리는 경향이 있다. 설혹 화해할 의사가 있어도 효과적인 방법을 잘 모르기 때문에 자기중심적이고 오만하게 접근하여 오히려 관계를 더욱 악화시키게 된다. 따라서 타인의 마음과 주변 상황을 변화시키는 효과적인 행동적 기술을 습득시킴으로써 수동적 행동방식을 극복하도록 돕는다.

2) 역기능적인 심리 영역의 수정

두 번째 치료적 목표는 자기애성 성격장애자의 부적응을 초래하는 역기능적 영역을 수정하는 것이다. 즉 치료자는, 자기애성 성격장애자가 궁극적으로 성격 차원의 균형을 회복하도록 도우면서, 이들의 삶을 부적응적인 상태로 만들고 있는 역기능적인 심리적 영역을 구체적으로 변화시키도록 노력해야 한다는 것이다. 자기애성 성격장애자는 우울증, 신체화 증상, 부부관계 갈등, 대인관계 문제, 직업적 적응문제 등의 다양한 부적응 문제를 지니는 경우가 많으며, 치료자는 이들이 현실 생활 속에서 직면하고 있는 이러한 문제들을 해결하도록 도와야 한다. 이를 위해서 이러한 부적응적 문제를 야기하는 역기능적 요인을 수정하는 데 초점을 두어야 한다.

(1) 과대한 자기개념 수정하기

밀론은 자기애성 성격장애자의 부적응을 초래하는 주요한 역기능적 요인으로 과대한 자기개념과 비공감적 대인행동을 들고 있다. 자기애성 성격장애자가 지니는 자기개념은 흔히 현실과 공상을 잘 구분하지 못하여 비현실적인 경우가 많다. 자신은 다른 사람으로부터 찬양받을 만큼 대단해야 한다는 비현실적인 자기기대는 현실 속에서 반복적으로 좌절될 수밖에 없다. 또한 자신의 기대와 다르게 반응하는 주변 사람들에 대해서 실망과 분노를 느낄 뿐만 아니라 자기중심적이며 공격적인 행동을 하게 되어 대인관계의 갈등이 파생하게 된다.

따라서 치료자의 일차적인 치료적 개입은 이들이 현실적인 자기 모습을 수용하도록 하는 데에 초점을 맞춘다. 현실적 자기상을 수용하게 되면, 자연히 착취적 행동을 정당화하는 인지적 근거가 약화됨으로써 공감적 이해와 협동적 상호작용이 증가될 수 있다.

아울러 자신의 모습을 좀 더 현실적으로 받아들일 경우 자신에게 올 수 있는 이익들예컨대, 다른 사람들로부터 좀 더 따뜻하게 받아들여지거나 자기효능감이 좀 더 굳건해진다거나 하는 점 등을 부각시켜주면 자기애성 성격장애자의 동기를 유발시킬 수 있다.

(2) 비공감적이고 자기중심적인 행동 수정하기

치료자는 자기애성 성격장애자가 타인을 좀 더 공감적으로 이해하고 협동적으로 행동하도록 도와야 한다. 이들이 경험하는 주요한 부적응 문제들은 비공감적이고 심지어 착취적인 대인행동으로 인해 발생하는 경우가 많다. 이러한 부적응을 해결하기 위해서 공감적 이해 능력과 협동적 행동 기술을 증진시키는 것이 치료자의 중요한 치료 목표가 된다. 밀론은 이를 위해 특별히 새로운 기법을 제시하기보다는, 인지행동치료에서 사용되는 다양한 기법을 상황에 맞게 도입하도록 권하고 있다.

3) 다양한 치료방법의 도입

밀론은 자기애성 성격장애자의 부적응을 초래하는 이러한 역기능적 요인을 수정하기 위해서 다양한 치료적 기법을 취사선택할 수 있다고 제안하고 있다. 비현실적 자기개념을 수정하기 위해 인지적 왜곡과 역기능적 사고 과정을 탐색하여 이의 부적응성을 논의하고 보다 현실적인 사고 내용으로 대체하게 하는 인지치료적 기법을 적용할 수 있으며, 비공감적이고 거만하며 공격적인 행동을 수정하기 위하여 역할연습이나 모방학습을 사용할 뿐만 아니라, 좌절에 대한 인내력을 증진시키기 위해서 체계적 둔감법과 같은 행동치료적 기법을 적용할 수 있다. 때로는 정신역동적 기법을 사용하여 미숙한 방어기제나 전이 현상을 다루어나가며, 심한 우울증을 나타낼 경우에는 약물치료를 권유할 수도 있다.

이 밖에도 밀론은 집단치료나 부부치료와 같은 다양한 방식의 치료방법을 적용하는 것이 바람직하다고 제안하였다. 비슷한 목적을 가진 환자들끼리 모여서 집단치료를 할 수도 있다. 이 경우에 환자는 집단치료 장면에서 자신이 늘어놓는 자랑을 들어줄 청중이 있다는 생각에 즐거워하지만, 다른 사람들도 똑같이 치료자의 시간과 관심을 차지한다는 사실에는 분개한다. 때로는 집단치료가 자기 자신의 특별함과 독특성을 무시하고 간과하는 상황으로 받아들일 수 있다. 일단 집단치료를 시작하면 이들은 집단 토의를 독점하거나 치료자의 보조역할을 자처하고, 자신의 문제는 부인하면서 다른 사람의 문제들을 관찰하려 하기도 한다.

그럼에도 집단치료는 이들에게 다른 사람들에게도 욕구가 있고, 자신이 항상 관심의 중심이 될 수는 없다는 사실을 직면하고 받아들일 기회를 제공한다. 또한 자신의 성격특성이 다른 사람에게 미치는 영향에 대한 피드백을 여러 사람에게 받을 수 있다는 점에서도 도움이 된다. 또한 치료자 한 사람하고만 관계를 맺었을 때 일어나는 강렬한 부정적인 전이가 여러 사람이 있음으로 해서 희석될 수 있다. 치료자를 평가절하하거나 이상화하는 왜곡도 다른 구성원이 지적해줄 수 있다. 마찬가지로 치료자의 역전이 감정도 희석될 수 있다.

하지만 한 집단에 자기애성 성격장애인 사람이 두 사람 이상 있으면, 이들이 다른 사람들에게 요구하는 부분이 지나쳐서 다른 구성원들을 압도해버릴 수도 있다. 또 개인치료와 집단치료를 병행하는 것이 어느 하나만 실시하는 것보다 효과적이다. 이때 이 치료는 동일한 치료자가 담당하는 것이 좋다.

4) 자기애성 성격의 영속 과정 차단하기

밀론은 자기애성 성격장애자가 일상생활에서의 체험을 왜곡하여 받아들이고 자기중심적으로 반응함으로써 자기애적 성격을 더욱 강화시키는 자기영속적 순환 과정self-perpetuating cycle에 대해서 설명한 바 있다. 밀론은 이러한 자기영속적 순환 과정을 차단하는 것이 중요한 치료 목표가 되어야 한다고 주장한다.

이를 위해서 우선 치료자는 자기애성 성격장애자가 현실을 직면하고 수용할 수 있도록 촉진해야 한다. 예를 들면, 인간은 누구나 불완전한 존재이며, 또한 완전한 인간이 되는 것은 불가능할 뿐만 아니라 불완전하다고 해서 결코 무가치한 인간이 되는 것은 아니라는 점을 직간접적으로 전달하면서 현실적인 자기 모습을 수용하도록 유도할 수 있다. 또한 현실 세계에서 좀 더 인정받는 인간이 되기 위해서 자신의 부족한 부분을 인정하고 개선시키려는 노력이 소중하다는 점을 인식시키면서 효과적인 문제해결 기술, 감정표현 및 조절 기술, 대인관계 기술 등을 학습하도록 도와야 한다. 이렇게 새로운 방식의 행동을 시도하여 일상생활에서 좀 더 성공적이고 만족스러운 경험을 하게 되면, 진정한 자존감이 발달하면서 현실에 직면할 수 있는 심리적 여유를 갖게 되고 비현실적인 환상 세계로의 도피는 감소하게 된다.

치료자는 자기애성 성격장애자로 하여금 타인과의 유사성을 인식하게 하여 타인과의 유대감과 협동적 행동을 증진시키도록 노력해야 한다. 이를 위해 타인의 감정에 대해 진지한 관심을 갖도록 촉진하고, 타인의 업적과 성취에 대해서 정당한 인정을 할 수 있도록 격려해야 한다. 또한 타인으로부터 주어지는 사회적 피드백을 인내심 있게 수용하고 건설적으로 활용할 수 있도록 도와야 한다. 이를 통해 사회적 고립에서 벗어나고 타인과의 만족스러운 관계를 체험하게 되면, 타인을 배려하는 공감적 태도가 서서히 증가하고 자신과 타인에게 유익한 협동적인 대인행동이 가능해질 수 있다.

밀론은 이처럼 다양한 방법을 적용하여 자기애성 성격장애자의 문제를 영속시키는 악순환의 고리를 차단하는 데 치료의 초점을 둔다. 이를 위해서 우선 자기애성 성격장애자로 하여금 자신의 삶을 불만족스러운 상태로 이끌어가는 악순환적 과정을 자각하도록 도와야 한다. 이러한 자각을 통해 이들 스스로가 악순환에서 벗어나려는 노력을 기울이게 되면 치료자는 이러한 노력을 격려하면서 구체적인 방법을 함께 상의하고 제안할 수 있다. 이런 과정을 통해 자기애성 성격장애자가 뿌리 깊게 지니고 있는 부적응적인 삶의 스타일을 수정하도록 돕는 것이 치료자의 역할이다.

5) 치료자의 태도

밀론은 자기애성 성격장애자의 치료에 있어서 치료자의 태도가 중요함을 강조하고 있다. 어떤 성격장애이든, 성격구조를 변화시키려는 치료적 작업은 매우 어려운 일이다. 더구나 자기애성 성격장애자는 자신의 성격 변화를 시도하는 치료자의 노력을 자신에 대한 도전이나 비난으로 받아들이고 저항하거나 치료를 포기하기 쉽다. 따라서 이러한 내담자를 대하는 치료자의 태도가 매우 중요하다.

일반적으로 자기애성 성격장애자는 자발적으로 치료를 받으려 하지 않는 경향이 있다. 이들은 강한 자부심을 지니고 있기 때문에 '불완전하고 문제가 많음'을 의미하는 내담자의 '열등하고 약한' 역할을 거부하며, 상당한 현실적 어려움이 있음에도 이를 인정하지 않고 스스로 잘 생활하고 있다고 자위하는 경우가 대부분이다. 자발적으로 치료를 요청하는 경우라 하더라도 자신이 겪고 있는 어려움은 대부분 타인의 잘못이나 결점 때문이라는 자신의 생각을 동조하고 지지해주는 치료자를 기대하는 경우가 많다. 또는 치료자와의 관계에서 자신이 우월한 위치를 차지하려 하거나 치료자를 불신하고 치료를 중도에 일방적으로 중단하는 경향이 있다.

치료가 진행되는 경우에도 자기애성 성격장애자는 치료자와 일정한 거리를 두려고 하고, 사적인 내용이 탐색되는 것을 거부하며, 자신에게 잘못이 있다는 암시만으로도 분개하면서 그 책임을 타인에게 넘기려고 한다. 바로 이 치료 장면에서 치료자는 자기애성 성격장애자에게서 치료자를 속이려 하고 자신의 우월성을 주장하려는 투쟁을 볼 수 있을 것이다. 자기애성 성격장애자가 치료자에 대해 보이는 냉소주의, 평가절하, 지배적인 태도의 많은 부분은 치료자가 과거에 자기 부모가 했던 것처럼 자기에게 반응하는지 아닌지, 즉 이 사람이 믿을 만한지 아닌지에 대한 '테스트'라고 볼 수 있다.

자기애성 성격장애자를 치료할 때는 우선 지지적인 작업동맹을 구축하는 데 중점을 두어야 한다. 치료자에 대한 신뢰와 존중이 확고하게 형성되기 전에 이들의 부적응적 행동을 직면시키면 견디지 못하고 그만두어버릴 가능성이 높다. 따라서 자기애성 성격장애자를 대하는 가장 좋은 방법은 이들에게 긍정적이고 따뜻한 태도로 솔직하게 대하는 것이다. 대부분의 자기애성 성격장애자는 어린 시절에 자신의 '완벽함'에 대해 거의 무조건적으로 칭찬을 받아왔으며 자신의 '불완전함'에 대한 두려움과 공포를 지니고 있기 때문에, 치료자가 이들의 결점과 불완전함을 공감적으로 수용해줌으로써 이들이 자신의 불완전함을 인정하고 내면화할 수 있을 때 치료적인 효과가 나타날 수 있다. 즉, 불완전함과 결점은 어쩔 수 없는 것이며 결점이 있다는 것이 오히려 인간적이라는 치료자의 태도는 이들로 하여금 자신의 불완전함과 결점을 두려움 없이 수용하도록 도울 수 있기 때문이다. ◆

4. 스스로 자신의 적응을 돕기

1) 스스로를 돕기 위한 일반적인 지침

사실 성격장애의 치료라는 것 자체에 대해서 여러 가지 의견이 분분하다. 이미 수십 년에 걸쳐 몸에 체득된 '성격'이기 때문에 이를 '치료'한다는 것은 상당히 어렵고 오랜 시간이 걸리는 작업이다.

더 나아가 성격장애를 치료한다는 것이 무엇을 말하는가에 대해서도 여러 가지 논란의 여지가 있다. 이는 성격장애를 정의하는 것 자체와 관련된 논란과 맞물려 있는 문제다. 요컨대 얼마만큼 치료하면 정상적인 성격이라고 할 것인가?

또 하나의 문제는 과연 성격장애를 치료할 수 있는가의 문제다. 흔히 '성격은 못 고쳐'라거나 '그건 성격이니까 할 수 없어'라고들 한다. 이렇게 성격을 고치기란 쉬운 일이 아니다.

그렇기 때문에 다른 일반 정신장애보다도 치료적 작업을 더욱 더 많이 반복해야 한다. 그렇지만 치료 시간이나 비용을 고려할 때 치료를 무한정 오래 받을 수도 없고, 어떤 때는 치료를 받고 있다는 것 자체가 환자의 의존성을 지탱해주는 수단이 되어버릴 수가 있기 때문에, 심리치료는 적정한 선에서 끝을 맺어야 한다.

그리고 치료를 받는 사람이 자신의 삶 안에서 자신의 부정적인 행동이나 감정을 파악하고 이를 교정하는 등 스스로를 '치료'할 수 있는 '방법'을 끊임없이 체득해야 하고, 동시에 그러한 방법을 생활 속에서 시도하겠다는 동기도 마음속에 심음으로써, 삶을 영위하는 가운데 스스로의 힘으로 지속적인 치료적 작업을 해나가야 한다. 여기에는 너무 힘들어질 때 일시적으로라도 다시 전문적인 심리치료 기관을 찾을 수 있는 용기도 포함될 것이다.

또 한 가지 생각해볼 점은, 우리 주변에 자기애성 성격장애까지 갈 정도는 아니지만 그러한 성격 성향이나 특성을 가지고 있으면서 비교적 일도 잘하고 대인관계도 그럭저럭 꾸려나가는 사람들이 많다는 것이다. 감정에 휩싸여 가끔 일을 망쳐버리기도 하고 사람들 사이에서 좌충우돌하기도 하지만, 그 정도는 사실 누구나 겪는 일이다. 앞에서 말한 것처럼 자기애성 성격장애도 결국은 '성격'임을 고려할 때, 자기애성 성격장애자의 특성을 '뜯어고치는' 것이 아니라, 이들이 어차피 가지고 있는 성격특성을 장점으로 발휘할 수 있도록 돕는 것이 더욱 중요할 수 있다.

이를 위해서 생활하면서 어떤 심각한 문제나 갈등을 야기할 정도에 이르지 않도록 부적응적인 측면을 감소시키는 작업과 동시에, 자기애성 성격장애자가 자신의 사교성과 자신감이 주는 장점을 '적절하게' 살릴 수 있는 구체적인 기술을 학습시킬 수 있다. 또한 자신만만하고 우월적인 이들의 태도를 순화시키고 승화시켜 리더십으로 발휘할 수 있도록 도울 수 있다. 실제로 연구에 따르면 리더십은 기능 수준이 높은 자기애자의 주요 특성이라고 한다(Raskin & Terry, 1988). 그러한 기술을 학습하는 방법은 아마도 그 사람이 처한 상황과 문제에 따라 다르겠지만, 부적응적인 측면의 정도를 줄여주는 것과 장점을 살릴 수 있는 방법을 배우는 것은 서로 영향을 미쳐 상승작용을 일으키게 되며, 한 부분에서의 변화가 다른 부분에서의 변화에도 파급 효과를 미치게 될 것이다.

2) 스스로를 돕기 위한 구체적인 지침

그렇다면 자기애성 성격장애자는 삶 속에서 어떤 방식으로 스스로를 도울 수 있는가? 같은 자기애성 성격장애자 혹은 성격 성향을 가진 사람이라도, 성별이나 연령 등의 인구학적 변인이나 처한 상황이 각자 다를 수 있기 때문에 구체적인 지침을 설정하기는 쉽지 않다. 그러나 일상을 살아가면서 자기애성 성격장애자가 가장 일반적으로 갈등을 겪는 영역은 대체로 다른 사람에 대한 지나친 예민성과 그로 인해 부정적인 감정을 과도하게 느끼는 것, 이를 잘 조절하지 못하고 적당하지 못한 방식으로 표출하는 것 그리고 다른 사람의 입장을 있는 그대로 인식하거나 배려하지 못하는 것으로 생각해볼 수 있다.

일상생활에서 불필요한 갈등이나 문제들을 줄임으로써 일단 적응을 돕고, 궁극적으로 반복적인 연습을 통해 자신의 역기능적인 모습을 점진적으로 수정해나가는 방법은 다음과 같다.

(1) 극단적인 감정이 들 때 일단 참아보는 연습을 한다

자기애성 성격장애자가 느끼는 감정은 상황과 맞지 않거나 그 정도가 과도한 경우가 많으므로, 일단 감정을 마구잡이로 분출하지 않고 내면에 담아보는 것이 일상생활에서 불필요한 갈등을 덜 불러일으키게 된다. 감정을 내면에 담아두는 것도 하나의 능력으로, 잘 해보지 않은 사람으로서는 매우 힘든 일이다. 차후에 자신의 감정이 과연 어떤 것인지, 왜 그런 감정이 들었는지를 곰곰이 따져보는 작업이 반드시 진행되어야 하겠지만, 우선은 이를 담아두는 연습부터 시작함으로써 이러한 능력과 심적인 여유의 폭을 개발시키고 확장시켜나가는 작업이 선행되어야 한다.

그렇다고 무조건 감정을 억누르고 쌓아두는 것이 바람직하다는 뜻은 아니다. 감정을 느끼는 것과 감정이 이끄는 대로 행동하는 것은 다르며, 감정을 표현하는 데에도 여러 가지 방식이 있기 때문에, 가장 적절하고 나의 '표현 목적'에 맞는 방식을 선택하는 것이 바람직하다는 뜻이다.

예를 들어, 내가 화를 내는 것은 '내가 화가 났다'는 것을 단순히 전달하고자 하는 것이거나, '나에게 사과하라'는 요구를 전달하는 것이거나, '나를 공격한 상대방을 나도 공격하겠다'는 복수의 의미를 가질 수 있다. 이것들은 모두 감정표현의 기능이고 목적이 될 수 있다. 그런데 감정에 휩싸이는 대로 행동하다 보면, 자신이 의도한 목적과는 달리 부작용을 일으킬 가능성이 많다. 예를 들어, '나에게 사과하라'는 요구를 전달하려 할 때, 상대방이 스스로 상처를 주었다고 느끼고 사과할 마음이 나도록 하는 것이 바람직한 방법이지, 무조건 화를 냄으로써 상대방이 공격당했다고 느끼고 전혀 사과할 마음이 나지 않게 만드는 것은 오히려 바람직하지 못한 방법이다.

(2) 주의를 분산시킬 수 있는 대처방략을 미리 정해둔다

일단 어떤 부정적인 생각이나 감정이 들 때, 여기에 계속 빠지지 말고 주의를 분산시킬 수 있는 다른 방략을 미리 정해둔다. 이는 많은 노력이 들지 않고 손쉽게 시작할 수 있는 것일수록 좋다. 예를 들어, 밀렸던 일 중에 단순작업을 하거나, 오랫동안 적조했던 친구에게 전화를 거는 일 등을 들 수 있다.

친한 사람에게 자신의 상태에 대해 얘기하기 위해 전화를 건다거나 만나는 것은 삼가는 편이 좋은 경우도 종종 있다. 왜냐하면 이러한 이면에는 자신의 감정을 해결하기 위해 다른 사람의 관심이나 애정 그리고 '네가 옳아' 혹은 '네가 잘한 거야'라는 지지를 얻고자 하는 경우가 많기 때문이다. 이럴 경우 상대방이 자신이 정한 높은 기대만큼 채워주지 못하면 더욱 화가 나게 되고, 다른 사람에게 얘기할수록 감정이 더욱 증폭되며, 부정적인 생각이 실제인 것처럼 믿어지기도 하고, 타인에 대한 의존성을 강화시키는 등의 악영향을 초래하기 쉽다.

물론 반대로, 어떤 감정을 얘기함으로써 답답함을 풀고 마음의 여유가 생기는 긍정적인 효과를 얻는 경우도 많이 있다. 스스로 생각하기에 자신이 이러한 얘기를 다른 사람에게 털어놓음으로써 얻을 수 있는 것은 무엇이고, 궁극적으로 자신에게 악영향을 주는 점은 무엇인지를 체계적으로 생각해보고 행동을 결정하는 것이 좋다.

(3) 주의를 분산시키거나 다른 사람에게 털어놓는다

일단 감정의 분출을 참고 주의를 분산시키거나 다른 사람에게 털어놓고 나면 감정이 많이 가라앉게 된다. 이럴 때 사람은 상황을 좀 더 넓고 객관적으로 볼 수 있는 시야가 생기게 된다. 감정에 휩싸여 있을 때는 그 감정에 부합하는 방식으로밖에는 상황이 보이지 않기 때문이다. 그런 상태가 되면, 아까 왜 그런 감정이 들었는지를 곰곰이 생각해본다.

주로 자기애성 성격장애자를 고통스럽게 만드는 감정은 분노와 적개심으로, 다른 사람의 비난을 받거나 기대했던 인정과 칭찬을 받지 못했을 때 생긴다. 이때는 다음과 같은 질문을 스스로에게 던져보는 것이 좋다.

> '정말 저 사람이 나를 비난한 것인가? 객관적으로 내가 그렇게 해석하는 것이 타당한가? 그 증거는 무엇인가?'

> '저 사람의 언행을 다른 방식으로 생각해볼 수는 없는가? 원래 비난하는 투로 말하는 스타일이어서 별다른 의도 없이 무심코 그렇게 말했을 수 있지 않을까? 나에게는 원래 타인의 말을 비난하는 것이라고 해석하는 경향이 강하기 때문에 이번에도 그런 것은 아니었을까? 이런 다른 해석이 원래 내가 했던 해석보다 더 타당하지는 않은가?'

'만약 저 사람이 나를 비난하고자 했다면, 그게 그렇게 큰일인가? 내가 이만큼의 심적 에너지를 들여서 동요하고 고민할 만큼 나에게 중요한 일인가? 내가 이를 중요하게 받아들이고 있다면, 이는 내 마음의 어떤 측면 때문일까? 즉, 이 분노반응에 내가 기여하는 바는 무엇일까?'

'만약 내가 저 사람과 같은 식으로 말을 한다면, 그것은 다른 사람을 비난하기 위한 의도를 가진 것인가? 만약 그렇지 않다면, 상대방도 그런 의도가 아닐 수 있지 않은가? 만약 그렇다면, 그것은 내가 악의를 가지고 말하는 경향이 있기 때문에 남도 그럴 것이라고 해석하는 것은 아닌가?'

이런 식으로 스스로 질문하고 답을 해나가다 보면, 감정의 폭이 조금씩 줄어들게 된다. 또한 자신의 해석이 타당하지 않았던 것으로 인정이 된다면, 자신이 부정적으로 해석하는 경향성이 있음을 인식할 수 있게 되고, 유사한 상황이 벌어질 때 불필요한 감정의 소모를 피할 수 있게 된다.

(4) 행동하기 전에 먼저 자문해본다

자신이 어떤 행동을 하고 싶은 마음이 들 때, 다른 사람이 자신에게 이러한 행동을 하면 자신은 어떻게 느낄 것 같은지를 먼저 자문해본다. 스스로 그러한 행동이나 모습이 바람직하지 못한 것처럼 여겨지면 행동을 '참는' 연습을 한다. 이렇게 내면에 담아두고 참는 마음의 여유와 공간은 하루아침에 얻어지는 것이 아니므로 지속적인 반복을 통해 키워나가야 한다.

또한 같은 방식으로, 다른 사람의 행동을 그 사람의 입장에서 이해하는 연습이 필요하다. 내가 원하는 방식이 아니라, 나와 다른 욕구와 감정과 의사소통 방식을 가진 상대방은 어떻게 생각하고 행동할지를 이해해보려는 노력이 필요하다. 이러한 노력과 연습은 일상에서 부딪치는 대인관계 상황에서, 즉 '실전에서' 해보는 것이 가장 좋다. 혼자 앉아서 '남을 이해해야겠다'라고 마음만 먹어서는 좀처럼 습득하기 어려운 중요한 능력이 바로 공감 능력이다.

(5) 신뢰하는 사람에게 객관적인 조언을 구한다

자신이 정말 신뢰할 수 있는 사람이 있다면, 그 사람에게 특정하고 구체적인 상황에서 자신의 모습이 어떻게 비치는지, 객관적으로 보기에 어떠한지에 대한 조언을 구한다. 그리고 그 조언이 납득이 잘 가지 않더라도 객관적인 입장에서 보기에 자신의 생각과 다른 생각을 가질 수 있음을 받아들이고 인정하려는 의지와 노력이 필요하다. 이것 역시 매우 힘든 일이다. 하지만 사람은 저절로 바뀌지 않는다. 만약 자신의 스타일이 역기능적일 수 있다는 사실을 깨닫고 인식했다면, 이러한 노력에 에너지를 투자할 수 있어야 한다. 깨닫기만 하는 것은 아무런 소용도 없을 수 있기 때문이다. ◆

참고문헌

원호택, 권석만(1996). 이상심리학 총론. 서울: 학지사.

한수정(1999). 자기애적 성격성향자의 외현적 · 내현적 자기관련 인지 특성. 서울대학교 대학원 석사학위논문.

한수정, 권석만(2011). 자기애자의 자기관련 정보에 대한 시각적 민감성. 한국심리학회지, 임상, 29(4), 1135-1143.

Aktar, S., & Thompson, A. (1982). Overview: Narcissistic personality disorder. *American Jorunal of Psychiatry, 139*, 12-20.

American Psychiatric Association. (2013). *Diagnostic and statistical manual of mental disorders* (5th ed.). Washington, DC: Author.

Beck, A. T., & Freeman, A. (1990). *Cognitive therapy of personality disorders*. New York: The Guilford Press.

Bower, B. (1997). I gotta love me. *Science News, 151* (14), 212.

Cooper, A. M. (2005). *The Quiet Revolution in American Psychoanalysis: Selected Works of Arnold M. Cooper*. New York: Brunner-Routledge.

Davis, M. H. (1983). The effects of dispositional empathy on emotional reactions and helping: A multidimensional approach. *Journal of Personality, 51*, 167-184.

Dubrin, A. J. (2012). *Narcissism in the workplace: Research, opinion, and practice*. Northampton, MA: Edward Elgar Publishing.

Emmons, R. A. (1987). Narcissism: Theory and measurement. *Journal of Personality and Social Psychology, 52*(1), 11-17.

Farwell, L., & Wohlwend-Lloyd, R. (1998). Narcissistic processes: Optimistic expectations, favorable self evaluations, and self-enhancing attributions. *Journal of Personality, 66*, 65-83.

Foster, J. D., & Trimm, R. F. IV, (2008). On being eager and uninhibited: Narcissism and approach-avoidance motivation. *Personality and Social Psychology Bulletin, 34*, 1004-1017.

Gabbard, O. C. (1994). *Psychodynamic psychiatry in clinical practice*. Washington, DC: American Psychiatric Press.

Gabbard, G. O. (2009). Transference and counter transference: Developments in the treatment of narcissistic personality disorder. *Psychiatric Annals, 39*, 129-136.

Howe, N., & Strauss, W. (2010). *Millenials rising: The next great generation*. New York, NY: Knopf Doubleday Publishing Group.

Jordan, C. H., Spencer, S. J., Zanna, M. P., Hoshino-Browne, E., & Correll, J. (2003). Secure and Defensive High Self-Esteem. *Journal of Personality and Social Psychology, 85*, 969-978.

Kernberg, O. F. (1975). *Borderline conditions and pathological narcissism*. New York: Jason Aronson.

Kernis, M. H., & Sun, C. R. (1994). Narcissism and reactions to interpersonal feedback. *Journal of Research in Personality, 28*, 4-13.

Kohut, H. (1968). The psychoanalytic treatment of narcissistic personality disorder. *Psychoanalytic Study of the Child, 23*, 86-113.

Kohut, H. (1971). *The Analysis of the Self*. New York: International University Press.

Kohut, H. (1977). *The Restoration of the Self*. New York: International University Press.

Ladd, E. R., Welsh, M. C., Vitulli, W. F., Labbs, E. E., & Law, J. L. (1997). Narcissism and causal attribution. *Psychological Reports, 80*, 721-722.

Lasch, C. (1979). *The Culture of Narcissism: American Life in an Age of Diminishing Expectations*. W. W. Norton: New York, NY.

Miller, J. D., Pilkonis, P. A., & Cliftton, A. (2005). Self-and other-reports of traits from the five-factor model: Raltions to personality disorder. *Journal of Personality Disorders, 19*, 400-419.

Millon, T. (1996). *Disorders of personality: DSM-IV and beyond*. New York: John Wiley & Sons, Inc.

Morf, C. C., & Rhodewalt, F. (1993). Narcissism and self-evaluation maintenance: Explorations in object relations. *Personality and Social Psychology Bulletin, 19*, 668-676.

Morf, C. C., & Rhodewalt, F. (2001). Unraveling the paradoxes of narcissism: A dynamic self-regulatory processing model. *Psychological Inquiries, 12,* 177-196.

Oldham, J. M., & Morris, L. B. (1995). *The New Personality Self-Portrait: Why You Think, Work, Love, and Act the Way You Do.* New York: Bantam Books.

Pincus, A. L., & Lukowitsky, M. R. (2009). Pathological narcissism and narcissistic personality disorder. *Annual Review of Clinical Psychology, 6,* 8.1-8.26.

Psychodynamic Diagnostic Manual (PDM) Task Force. (2006). *Psychodynamic Diagnostic Manual.* Silver Spring, MD: Alliance Psychoanalytic Organization.

Raskin, R., & Hall, C. S. (1979). A narcissitic personality inventory. *Psychological Reports, 45,* 590.

Raskin, R., & Terry, H. (1988). A principal components analysis of the narcissistic personality inventory and further evidence of its construct validity. *Journal of Personality and Social Psychology, 54,* 890-902.

Raskin, R., Novacek, J., & Hogan, R. (1991). Narcissism, self-esteem, and defensive self-enhancement. *Journal of Personality, 59,* 20-38.

Rhodewalt, F., & Morf, C. C. (1995). Self and interpersonal correlates of the Narcissistic Personality Inventory: A review and new findings. *Journal of Research in Personality, 29,* 1-23.

Rhodewalt, F., & Morf, C. C. (1998). On self-aggrandizement and anger: A temporal analysis of narcissism and affective reactions to success and failure. *Journal of Personality and Social Psychology, 74*(3), 672-685.

Ritter, K., Dziobek, I., Preißler, S., Rüter, A., Vater, A., Fydrich, T., et al. (2011). Lack of empathy in patients with narcissistic personality disorder. *Psychiatry Research, 187,* 241-247.

Roepke, S., & Vater, A. (2014). Narcissistic personality disorder: An integrative review of recent empirical data and current definitions. *Current psychiatry Reports, 16,* 445(1-9).

Ronningstam, E. F. (2005). *Identifying and Understand the Narcissistic Personality*. New York: Oxford Univ. Press.

Rosenfeld, H. (1987). *Impasse and Interpretation: Therapeutic and Anti-Therapeutic Factors in the Psychoanalytic Treatment of Psychotic, Borderline, and Neurotic Patients,* Vol. 1. New York: Tavistock/Routledge.

Russ, E., Shedler, J., Bradley, R., & Westen, D. (2008). Refining the construct of narcissistic personality disorder: Diagnostic criteria and subtypes. *American Journal of Psychiatry, 165,* 1473-1481.

Schulze, L., Dziobek, I., Vater, A., Heekeren, H. R., Bajbouj, M., Renneberg, B. et al. (2013). Gray Matter Abnormalities in Patients with Narcissistic Personality Disorder. *Journal of Psychiatric Research, 47,* 1363-1369.

Torgersen, S., Lygren, S., Oien, P. A., Skre, I., Onstad, S., Edvardsen, J. et al. (2000). A twin study of personality disorders. *Comprehensive Psychiatry, 41,* 415-425.

Wink, P. (1991). Two faces of narcissism. *Journal of Personality and Social Psychology, 61*(4), 590-597.

찾아보기

《인 명》

《내 용》

◎ 저자 소개

한수정(Suejung Han)
서울대학교 심리학과를 졸업하고 동 대학원에서 임상 및 상담심리학 전공으로 석사학위를 받았다. 서울대학교병원 신경정신과 임상심리연수원에서 3년간 수련을 마치고 임상심리전문가 및 정신보건임상심리사 1급 자격을 취득하였다. 미국 퍼듀 대학교(Purdue University)에서 상담심리학 박사학위를 받고, 위스콘신 주립대학교 스타웃(University of Wisconsin-Stout)을 거쳐 현재 일리노이 주립대학교(Illinois State University) 심리학과 부교수로 재직 중이다.

ABNORMAL PSYCHOLOGY 22

자기애성 성격장애 지나친 자기사랑의 함정

Narcissistic Personality Disorder

2016년 3월 30일 2판 1쇄 발행
2024년 8월 20일 2판 5쇄 발행

지은이 • 한 수 정
펴낸이 • 김 진 환
펴낸곳 • (주) 학지사
04031 서울특별시 마포구 양화로 15길 20 마인드월드빌딩 5층
대표전화 • 02) 330-5114 팩스 • 02) 324-2345
등록번호 • 제313-2006-000265호
홈페이지 • http://www.hakjisa.co.kr
인스타그램 • https://www.instagram.com/hakjisabook

ISBN 978-89-997-1022-3 94180
ISBN 978-89-997-1000-1 (set)

정가 9,500원